LEFTOVER

IN

CHINA

The Women Shaping
the World's Next Superpower

单身时代

［美］玫瑰 著（Roseann Lake）———— 著

杨献军 ———— 译

中国友谊出版公司

图书在版编目（CIP）数据

单身时代/（美）玫瑰著；杨献军译 . -- 北京：
中国友谊出版公司，2019.4
书名原文：Leftover in China
ISBN 978-7-5057-4560-5

Ⅰ . ①单… Ⅱ . ①玫… ②杨… Ⅲ . ①女性－恋爱心
理学－通俗读物 Ⅳ . ① C913.1-49

中国版本图书馆 CIP 数据核字 (2018) 第 263013 号

著作权合同登记号　图字：01-2019-0353

书名	单身时代
作者	［美］玫瑰
译者	杨献军
出版	中国友谊出版公司
发行	中国友谊出版公司
经销	新华书店
印刷	河北鹏润印刷有限公司
规格	880×1230 毫米　32 开
	9 印张　170 千字
版次	2019 年 4 月第 1 版
印次	2019 年 4 月第 1 次印刷
书号	ISBN 978-7-5057-4560-5
定价	45.00 元
地址	北京市朝阳区西坝河南里 17 号楼
邮编	100028
电话	(010) 64678009

前　言

春节刚过，我就回到了自己的工作单位——北京电视台。可是我发现，平时活泼开朗的那些女同事们却个个无精打采，甚至就连精力极为充沛的节目制作人姗姗（音译）也有些精神不振，整个周一上午一反常态地沉默不语。"大家节日里过得好吗？"我问道。女同事们有的漫不经心地点点头，有的强作笑脸。随后她们又把在新闻编辑室里传来传去、只剩下半袋的麻球酥递给了我。茫然之际，我转身去见一位网络主管，她比大多数女同事都大近 10 岁。"她们心情不好，是因为还没有结婚。"她说道。说完，她又目不转睛地盯着电脑。当时我在想，在中国要想找一位像达西先生（《傲慢与偏见》里富有的年轻绅士）那样的如意郎君是否必须进城？政府是否应该免费让数百万人去马尔代夫度蜜月？

当天同姗姗一起坐下来吃午饭时，我才得知：春节期间是一年当中发红包、煮饺子的好时光，也是为单身男女牵线搭桥找对象的大好时机。春节是中国盛大的传统节日，也是大多数中国工薪阶层享有的最长年假。春节前，三亿多流动人口浩浩荡荡地返乡回家，为的是同家人一起吃上团圆饭，一起放鞭炮。正当每个大家族都在吃喝玩乐，共度佳节的时候，谈婚论嫁也就成了最重要的话题。在摆着鱼头的餐桌旁，25岁以上的未婚男女经常遇到好心人盲目地为他们说媒提亲，这使他们疲于应付。特别是未婚女人，更成了这种强大"逼婚"攻势的重要目标。人们认为，到了一定年龄，她们就应该结婚嫁人，要不然就可能成为"剩女"。

我的那些芳华正茂，也许生育能力正强的女同事们（年龄最大的仅仅27岁）居然被人称为"狗粮"和"垃圾处理品"，这真是太不像话了。另外，我还要努力去搞清楚：为什么在作为世界第二大经济体的当代中国会发生这种事情？中国生活着约6.5亿女性，拥有世界上最多的女性人口。在这样一个国家里，我的那些女同事们真可谓不同凡响。她们是一群受过教育的独立女性。她们的事业作为，在她们的母亲和祖母那里连做梦都不敢想。依我看，她们是国家的英才，生动佐证了过去30多年里中国女性逐渐开始享有越来越多的教育和就业机会。

在工作室的大部分时间里，我都是在同身边富有活力的一群女作家、女编辑、女导演，以及姗姗那样的女制作人打交道。所以很自然，在飞往内蒙古的晚点航班里、坐卧铺去上海的旅途中、在北京办公室里昏昏沉沉的加班时间里，我们相互之间培养了友谊。渐渐地，我也参与到她们的私人谈话中——那是一些内容生动的谈话，涉及她们的家庭背景、理想抱负，后来则越来越多地涉及她们的爱情生活。我越了解她们那种奇怪的约会方式和复杂的求婚过程，就越是对一些与我明显不一致的情况感到困惑和惊讶。

在 2010 年，西方媒体上有关中国女性的报道表现得非常乐观。《福布斯》《新闻周刊》和《时代周刊》上的报道都说，中国女性处在全盛时期。她们在世界上白手起家的女亿万富豪当中所占比例最高。在参加美国研究生管理科学入学考试（GMAT）的中国考生中，63% 是女生，她们攻读 MBA 的势头甚至使男生颇感压力。根据国家统计局发布的报告，年龄在 18 岁至 64 岁的中国女性中就业率达 71%，占国家劳动力的 44%。第一位女航天员也在 2012 年被送入太空。

在我看来，这一切全部属实。从职业上说，这些女性不断地突破自己撑起的半边天的界限，所以我认为，她们全部都是"航天员"。但是在个人方面，尤其是感情生活方面，她们似乎对另一类群星灿烂的恋爱剧情念念不忘——一种似乎直接源自简·奥斯汀长篇小说中遥远的、过时的爱情。使我意外的是，我们的话题经常很快就转到婚姻上面。她们谈论婚姻，就像是谈论一个长到肉里的脚趾甲一样——火急火燎，有点疼痛，而且如果不赶快处理，情况就会恶化。我意识到有些事情还是说不通，于是便绕开新闻编辑室的那些同事，在更大范围内开始刨根问底。我用了 3 年时间，经过数百次采访之后，我在好奇心的驱使下开始从全新视角看待中国崛起的发展历程。这一历程起始于一个落后的贫穷国家，当时婚姻普遍不能自己做主，婚姻是女人唯一的生活手段。经过 30 多年朝着城市化、全球化方向的发展，女性的婚姻也变得越来越自主。越来越多受过教育的女性只有在经过自我发展，事业也有起色的情况下，才考虑结婚——如果她们愿意结婚的话。

在这种巨大变化中具有决定性的影响是，尽管中国已经取得了举世瞩目的成就，有些文化因素仍然牢固地根植于传统当中。其中无法动摇的最重要因素就是婚姻所面临的社会压力。虽然这种压力存在于各种文化中，但是在中国尤为明显：婚姻面临着不可阻挡的社会压力。这种压力使得子女不到 30 岁的每一位家长把男婚女嫁当作头等大事。他们普遍认为子女一过 30 岁，再谈婚论嫁可就难了。

大多数情况下，家长都是好意。他们真的相信，对于自己的子女来说，最好就是尽快完婚，了却一桩心事。长辈们生长于贫困和革命运动当中，而他们的子女却生长于经济繁荣时期，这一时期的社会个人主义兴起、集体主义色彩衰退。所以他们之间存在着巨大的文化差异。当代中国整体面临着一系列纷繁复杂的价值观、义务、传统和焦虑表现，其产生的实质性因素便是两代人之间的文化差异。在当代中国，婚姻政策与形式上的变化，就像常年鸣响的风铃一样，预示着中国社会的巨大变化，在过去5000年的漫长历史中从来都是如此。值得注意的是，在这一漫长历史中，婚姻一直是女性生活的基础和顶点。

仅仅刚过30多年，一切都发生了变化。尤其对于女性来说，婚姻已经变得不那么重要，始于1978年的改革开放为她们带来了前所未有的教育与就业机会。这样的发展变化情形在西方并不陌生。西方女性也曾围着厨房转，职场中听不到她们的声音。但是在中国有一些情况更为特殊和惊人。由于家中没有兄弟们竞争，这些独生女便获得了以前可能会留给男孩的、前所未有的机会和资源。她们降生时，正值中国大范围地扩充高等学校数量的时期。后来她们又被当作男孩而赋予努力学习，获得成功，为家庭争光的使命。但是与我们的期望不同的是，中国女性并未能顺畅地与男性平起平坐，取得平等的工作地位。成为白领阶层的知识女性数量已经赶超男性，而"剩女"则是这些白领知识女性当中的重要成员。由她们体现出的巨大文化变化，不仅影响着当代中国，还代表了当今世界上规模最大的一次人口变动。

想要充分理解这一过渡时期的重要性，必须将其放在更大发展计划的框架内加以审视。半个世界，包括美国，都经历过最活跃的过渡时期。自1983年以来，美国女性一直是美国大学学位的主要获得者，但是直到2014年，受过大学教育的美国职业女性才同受教育程度较低的美国职业女性一样有可能结婚生子。在此以前，受教育、有抱负，就意味着放弃生活伴侣，专心追求事业。但是现在，两者的界线正在变得模糊，时间安排变了，人生新重点也出现了。我们正在变成一个由不同阶层而非不同文化构成的全球化世界。北京或上海的那些受过良好教育的职业女性，同纽约或洛杉矶受过良好教育的职业女性有着更多的共同点，但是却同距自己只有一个小时火车路程的城镇工厂女工差别较大。在从前那一代，这种事情闻所未闻。

我们是应该为此称赞全球化，还是应该为此哀叹丧失了每个国家的特色，目前尚有争议。但是有一点不容置疑：当你抛开中国在人口、经济和社会方面表现出的各种特色时，剩下的就是中国女性正在面临着美国女性几十年来一直在经历着的同样挑战。我们为什么没有携起手来，达成共识？如果从国际范围来考虑这些问题，还可以学到多少东西，取得多少成绩？

在世界各地，越来越多的女性挺身而出，去维护自己决定个人未来的权力。无论这是否意味着自己能够决定在哪里学习、学什么、同谁结婚、是否结婚，或者决定是否生儿育女，实现自己的理想，至少如今越来越多的女性开始勇敢地探索更加丰富的人生。

目　录

第一章

一

性别失衡：不平等的社会环境

独生女

17岁生日那天早晨，克里斯蒂·杨醒来，洗完澡，接着就坐下来吃早餐。她一来到餐桌前就发现，妈妈给她做了一碗自己爱吃的面条。不过她至今还记得，当时她还看见在自己平常喜爱喝的香辣红肉汤里漂着两种没有想到的食材：一小节香肠（代表"1"）和两个煮鸡蛋（代表"00"）。吃了两口后，克里斯蒂明白了，这两样食材代表着妈妈的心愿：希望女儿在当天上午的高考中获得成功。

克里斯蒂作为独生女，是在中国刚刚实行独生女政策时出生的。她解释说，父母满怀希望，倾尽所有，为的就是让她有个光明前途。"要是我当时还有个兄弟，很难说结果会是什么样，按照传统的做法，他很有可能得到家里很大的关心和重视。不过我还是无法想象我的父母会那样做。"她一再坚持要说明的是，虽然发生过千百万堕胎和杀婴事件，让人不寒而栗，但是她觉得中国的独生子女政策却有一个意想不到的结果，那就是迫使家长们重视自己的女儿。

克里斯蒂，与独生子女政策一样，至今也过30岁了。尽管随着时间推移，独生子女政策的规定宽松了不少，但是不要忘记，这项政策已经造就出三代独生女。一个经常被忽略的事实是，虽然躲过堕胎劫难幸存下来，中国的独生女们，尤其是那些同克里斯蒂一样出生在城市中的独生女们，却在家长的执着督促下必须要出人头地。她们几乎无一例外地比此前任何一代女性都获得了更多资源、机会和自由，而其结果开始以意想不到的方式体现出来。

克里斯蒂在高考中以优异的成绩考取了南方大都市——重庆的一所重点大学。毕业时，她获得了经济学学士学位和英语硕士学位。她在几家小型营销传播公司经过历练后，现在开办了自己的公关公司，为北京周围一系列高端旅店、餐厅、酒吧和私人俱乐部提供服务。她喜欢管理自己的工作时间表，自主承揽服务项目。她天生具备社交能力，工作起来如鱼得水，左右逢源。

虽然父母对克里斯蒂的工作所知甚少，他们还是为女儿感到自豪。事业成功使克里斯蒂过上了令人羡慕的舒适生活，她也非常慷慨地经常与父母分享这种生活。他们可以去欧洲度假，享用新式家用电器，对房屋进行昂贵装修，而所有的这一切都由他们的独生女儿付钱。克里斯蒂还为父母购买了各种奢侈品，在以前这些根本无法享受。在对女儿的要求上，她的父母都说只要她结婚再怀孕，那就无可挑剔了，最好在她下次来例假之前办完这些事……不过因为这样的要求太过分了，父母又松口对她说，最晚在来年前9个月完婚怀孕也可以接受。在龙年生个外孙，这可比什么都强！

克里斯蒂的母亲最近这样对她说："我不想给你施加压力，可是你不结婚我就不放心，你已经34岁了，你怎么保证还能排健康的卵呢？"克里斯蒂希望妈妈培养一种爱好，至少是玩玩那款永远提示"你可以信赖他"的"魔力8号球"（Magic8-Ball）。

但是克里斯蒂仍然抵抗住了来自父母轻微的责骂、狂躁和偶尔的情绪爆发，因为她胸有成竹，识大局。无论她承认与否，克里斯蒂自己知道，按着中国的婚姻标准，她是一只过时落伍的"恐龙"。她的父母、祖父母、婶婶阿姨、大叔大伯、朋友、邻居、同事、老板，还有一位吵吵嚷嚷的北京出租司机，全都在时刻提醒她：再不快点找到男朋友，你就会变质发霉，嫁不出去了。

如果仅仅从纯数字的角度来看，找个男人嫁出去对于克里斯蒂而言是信手拈来的事。据中国社会科学院估计，到2020年达到法定结婚年龄（1980年起，中国女性法定结婚年龄为20岁，男性法定结婚年龄为22岁）的男性要比女性多出3000万。有这么多可以挑选的对象，这听上去好像是天赐的一份大礼。但实际情况是，从区域分布、社会与经济等方面看，这些过剩的男性大多数生活在与克里斯蒂这样的女性截然不同的世界里。

独生子

在浙江省杭州市萧山区的一个僻静角落里，有个村庄看上去遍地都是教堂。这些教堂鳞次栉比，一个比一个高，屋顶上的十字架直指天际。它们似乎要给这片原本就带有浓厚不可知论色彩的景观平添一种令人惊奇的感觉。但是走到近前仔细一看才知道，上述建筑物根本不是教堂，而是三层楼的住宅。那些T型的突出物也不是十字架，而是巨大的避雷针。

浙江省省会杭州的年降雨量记录显示，这一片地区雨量充沛，经常伴有雷电现象。但即便如此，也用不着这样的特大型避雷针。究竟是怎么回事呢？

同中国其他许多地方一样，杭州也受困于严重的男女比例失调。在2010年，出生婴儿男女比例为113∶100。世界出生婴儿自然性别比例大约为105∶100。在中国1979年开始实施独生子女政策之后，由于超声波技术在 20 世纪 80 年代的广泛应用，再加上重男轻女的传统观念根深蒂固，致使女性胎儿被堕胎现象有增无减。结果，中国的男女比例失调在全世界最为严重。

尽管选择胎儿性别的堕胎现象并不仅限于中国，但是在 1985 至 2005 年间堕胎的 1.63 亿亚洲女性当中，有 3200 万是中国女性。除失去了相当于波兰全国公民人数的大量女性人口以外，使问题变得更加严重的是，女性数量不足的现象在整个中国体现得并不均衡。玛拉·维斯腾达尔（Mara Hvistendahl）在《非自然选择：选择男孩、放弃女孩与满世界是男人的严重后果》（*Unnatural Selection：Choosing Boys over Girls, and the Consequences of a World Full of Men*）这份报告中指出，在中国的一些地方，比如江西省宜川县，4 岁以下婴幼儿男女比例为 137∶100；在广西，相同年龄组的男女失衡比例上升至 153∶100；湖北省天门市的男女失衡比例高达 173∶100，相当于每 3 名男性当中就有一位娶不上老婆。将这些人口问题综合起来看，显而易见，中国过剩男性绝大部分出生在贫困的农村地区。作为独生子，他们要留在家里种地，而出生在同一个村里的女性则可以自由地外出寻找一些卑微的工作，另外也经常是为了寻找一个能让自己过上好日子的丈夫。在同龄女性数量严重不足的地区长大的单身汉们，面临着征婚方面的激烈竞争，他们被称为"光棍"。在中文里，"光棍"经常用来指那些因条件所限被迫单身（或者自愿单身）的男人，同时也暗示他们很有可能永远无法传宗接代。

在只有结婚后生活才算步入正轨的中国，光棍们面临着很大困难。结婚是正常社会成员的标志，对成年生活可以起到添砖加瓦的促进作用。如今的中国仍然极为重视孝道，并且有"不孝有三，无后为大"的说法。同时，将男人视为一家之主的儒家思想使问题变得更加复杂了，这要求男人不仅应比妻子挣钱多，而且还要拥有一个将未来的妻子娶进家的住房。具有强烈等级特点的中国户口制度并没有使事情变得简单一些。在这种制度下，农村出生的居民拥有农村户口，城市出生的居民拥有城市户口。这就导致农村男性公民除了贫穷以外，还要长期同农村地位联系在一起，成为中国婚姻链上的"最底端"人群。

在过去工作单位自动给职工分配住房的年代，这一切都不成问题。但是随着中国房地产市场在1998年实行私有化，房价开始飙升，这使整个社会的穷人和富人之间形成了一道巨大鸿沟。

于是，屋顶便出现了巨大的避雷针。

失衡的性别比

为了帮助儿子娶媳妇，农村剩男的父母经常倾尽毕生积蓄去盖房子或买房，他们认为这样做才更有可能为儿子娶到媳妇。

哥伦比亚大学金融学经济学教授魏尚进、北京大学经济学教授兼华盛顿特区国家食品安全政策研究所高级研究员张晓波与清华大学刘瑜在研究中发现，中国婚姻市场的激烈竞争程度对于房价和住房面积产生了极大影响。具体来说，他们认为，1998年至2005年间，中国35个主要城市中30%-48%的房地产增值额（相当于8万亿美元），同男女比例失调和男人为了结婚而获得财富（房产）的需要有直接关系。

魏尚进、张晓波与刘瑜在分析了中国不同地区的情况后得出了上述数据。这些地方的适婚人群有着很大差异。他们发现，无论在农村还是城市，当地的男女比例同住房价值与家庭收入比例之间存在着很大的正相关性。换句话说，男女平均比例越悬殊，住房价格就越昂贵。

作为一种控制措施，研究者们考察了房租价格，他们发现房租价格的增加幅度并不像房价增加得那样大。这就进一步证实了如下看法：房价上涨并不证明对生活空间的需要有所增加，只是说明了持有房产证的需要。研究者们还发现，房价上涨主要受两个因素的影响：愿意以更高价格支付每平方米住房面积的居民和购买更大住房的趋势。

更大到什么程度呢？

我通过一位张姓居民了解到了萧山"教堂村"的情况，他还向我介绍了"影子三楼"（Phantom Third Stories）的建房概念。这种建筑指的是二层楼的住宅，上面还带有未完工、未装修的三楼空间，目的是让整个住宅从外面看上去更加宏伟气派。这种建房潮流兴起于结婚竞争非常激烈的邻村。在有些地方，这已经成为主流建房形式，甚至到了不建影子楼层，媒人就不来提亲的程度。

为了在婚姻市场中再取得一点竞争优势，那些急切盼望儿子结婚的家长们开始在屋顶上加装吸人眼球的大型避雷针，以增加他们建造的影子三楼的住宅高度。那位张姓居民解释说，这已经形成了一种竞争，房主明显地想要把邻居压下去，于是会不顾一切地加大避雷针的尺寸。如果拥有城镇中最高的住宅，就可以使在婚姻市场中取得优势的孤独单身汉得到外界的主动关注。但是最重要的是，我们应该明白，父母为了让儿子能娶上媳妇，为什么要在住宅的长宽高上下工夫：他们认为不这样做，儿子根本就没有机会娶到媳妇。

早在人口学家们开始关注人口比例以前，中国每年出生的男婴数量都多于女婴。早在 B 超设备得到广泛应用，独生子女政策尚未实施之前，全国各地就不断地发生杀害女婴的事件。即使女婴刚出生时没有被杀死，中国重男轻女的顽固思想也使男婴的成活率较高一些。例如，每逢生活困难时期，男孩会得到更多的生活资源（换句话说，就是食物），以保证他们活下来，这同样提高了女孩的死亡率。在尼可拉斯·D. 克里斯多夫和雪莉·邓恩（Nicholas D. Kristof and Sheryl Wudunn）合写的《天空的另一半》（*Half the Sky*）中列举的一项人口研究成果发现：由于父母没有给予女婴与男婴同样的医疗救护，致使每年有 3.9 万女婴夭折——这仅仅是在她们出生后的第一年里。

我提及以上事实并非是要引起大家的不快，而是为了透彻理解中国不断产生剩男人口的原因。换句话说，当我们看到某个省在某一年出生的男女比例为 120∶100 时，这并不一定意味着 25 年或者 30 年后在这些未婚男女要找对象时，每 5 位男性中就有一位找不到媳妇。实际上，这意味着每 100 位那一年出生的男性中，就有 20 位男性加上比他们出生早、前些年没有找到媳妇的男性全都需要找媳妇。

"这好像看电影！"巴黎人口与发展中心的人口学家克里斯托夫·吉尔莫托（Christophe Guilmoto）说道。他将电影院中的每一个座位都比作待嫁的女子。"作为一名正在寻找媳妇的男人，你想去电影院看一场卜午放映的电影，但是电影票已经卖光了。"他解释说，"于是你想看晚上那场电影。你提前两小时排队买票，但还是没有买到票，因为有另一批观众赶在了你的前面，他们已经走进了电影院。"但是城里只有一家影院放映那部电影，那这个男人该怎么办？他可以不断努力，寻找机会观看以后放映的场次，因此继续提高找媳妇的要求；暂时不看其他电影（仍然单身）；或者去看另一部电影。

对于资源有限的中国农村男性来说，那另一部电影也许就是《买来的新娘》（Bride-Buying），由越南、柬埔寨、老挝、朝鲜或其他东南亚邻国共同参演。据有关文献显示，中国男女比例失调以及由此产生的婚姻挤压现象，越来越多地体现在"走私"新娘和其他旁门左道的活动当中。然而更为重要的是，几乎没有迹象表明男女比例会很快恢复平衡。仅在2001年至2010年间，中国每年出生的男孩平均比女孩多出130万。这说明选择性别的堕胎现象仍在发生，继续扰乱着自然规律。换句话说，我们今天看到的现象，只是中国农村单身汉们在未来几代人的时间里所面临的婚姻挤压困境的一个开端。

城市"绿洲"

就在中国农村经历着男婴生育高峰，造成当前男女比例失调以及婚姻挤压现象的同时，城市里则是另外一番不同景象。虽然北京和上海两地的出生记录中显示的男女婴比例失调，也足以证明这两地同样发生过选择性别的堕胎现象，但是同更多的农村地区相比，这一数量确实很少。除了比较平衡的男女比例以外，城市里独生子女的生活，也非常不同。城市独生子女被当作"小皇帝"养着。妈妈爸爸、奶奶爷爷、外婆外公生活在越来越开放的经济环境中，对城市中的那些独生子百般呵护，有求必应。这些孩子在任何方面都受到了最好的照顾。无论是否具有 XY 染色体上的竞争优势，城市中的独生女也不逊色。

克里斯蒂虽然出生在农村，可是她已经拥有了城市户口，没有必要再嫁进更好的人家。她受过良好教育，工作优越，拥有足够的资金购买自己的住房，另外，将来她还要继承父母目前在北京居住的那套住房。就生活条件来说，她与中国农村的那些光棍们简直有天壤之别。不过她在寻找婚姻伴侣方面同样不太顺利，只是原因截然不同。

"我们根本都没有考虑，生男生女我们都接受。"克里斯蒂的母亲解释说："我的婆婆一开始不太喜欢，但是我很高兴有她这个女儿，我丈夫也支持我。"克里斯蒂可以听到我们的谈话，我看见她点了点头。她后来对我说，她早就觉得奶奶喜欢孙子。"她让我们感到非常自豪。"她的母亲继续说道，"她工作很努力，我们也一直鼓励她这样做。可是在中国，一个女人要是没有自己的生活会很危险。现在她必须有个生活伴侣。"

克里斯蒂与许多同龄女性一样，是在实行独生子女政策后出生的第一批孩子。按着社会习俗来讲，现在她们已经到了为人妻母的年龄，再往后就会成为剩女了。"剩"这个词缀的含义同"剩菜剩饭"中的"剩"一样，几乎没有一点味道。在广大农村地区，剩女这个词甚至可以用在 25 岁未婚女性身上，而在大城市里则指接近 30 岁的未婚女性，也就是普遍认为的独身之前的最后一站。在思想极为进步开明的朋友圈里，剩女的年龄可放宽到30岁出头。但是一旦过了这个界线，人们普遍认为这类中国女性的约会对象也只限于那些长得又圆又胖的60岁离异男士，他们都有严重的口臭，很可能还养着一个容易发怒的未成年儿子。

布鲁金斯学会（Brookings Institution）的学者王丰估计，在中国的城市当中有700万年龄在25岁至30岁之间从未结过婚的女性。她们都集中在中国的一线城市里，北京、深圳和上海排在前三位。同中国的大多数事物一样，她们也是近30年里出现的一个新现象。王丰指出，1982年，接近30岁的中国城市未婚女性不到5%，这个数字到1995年增加了一倍，到2008年增加了两倍。目前正在全速向着30%逼近。对于一个仅仅在30年前婚姻还是一种普遍义务的国家来说，这是一种极大的变化。

王丰表示："中国女性仍然在很大程度上被视为生物。"作为一名人口学家，他对中国的婚姻问题进行了20多年的研究。他补充说，在中国，人们认为30岁就到了剩女门槛，因为此时女性已经错过了最佳生育年龄。"这是一种非常危险的看法，因为它将30岁以上的女性挤出了婚姻市场，这实在没有必要。因为实际上在那个年龄，她们的生育能力仍然很强。"

但是在中国大众看来，30是个神奇的数字。有句中国谚语前半部分是"男人三十一枝花"，这体现出一种普遍接受的看法，即 30 岁的男人仍然是年富力强。而谚语的第二部分则是"女人三十豆腐渣"，略微缺乏点诗意，在这句里 30 岁以上的女人被比喻成了豆腐渣——那是大豆中不可溶解的部分，附着在豆腐机或滤布上；而豆浆中的其余部分则顺利透过滤布，凝结成又大又平的豆腐块。

虽然人们用藐视、畏惧和同情的复杂眼光看待中国剩女，不过大家都普遍认为她们是时代的产物。她们生动地见证了过去 30 年间中国女性获得越来越多的教育和就业机会的现象，这使她们并不急于结婚，或者婚姻对于她们来说并不那么重要。这些女性都是独生女，但是大多数都受过良好教育，以事业为重。特有的生活经历和相对的经济独立性，使她们更清楚自己应该追求什么样的生活伴侣。因为到了一定年龄，所以拒绝结婚，或者因为身边的人都劝她们一定要结婚，而她们对于婚姻的态度经常被其他人视为不恭不敬。不过这样的情况并非没有先例。

叛逆的自梳女

19 世纪初，在珠江三角洲一个狭小的地区生活着一群女性叛逆者。她们都曾经是非同一般的逃婚新娘。据说，她们在结婚当天早晨从家逃出，或者从花轿上飞快地跑下来，为躲避新郎而藏身在空墓穴里，直到每个人都不再寻找她们为止。许多被迫结婚的自梳女则采取激烈的预防措施，竭力避免结婚带来的一个"不良结果"：怀孕。据说在举行婚礼的当天晚上，这些叛逆的自梳女一夜不睡，时刻保持警惕，尽可能地多找一些家具把新郎挡在一边。有些自梳女采用一种被称为"裹身"的方法，用垫着数层布料的硕大内衣把生殖器紧紧包裹起来。她们就好像是人肉饺子一样被缝进防卫衣服里，一连三天不出来，同时服用药丸抑制排便。

这些叛逆女性使用的方法五花八门，目的只有一个：逃避婚姻，拒为人母。在 19 世纪 80 年代的中国，这种行为显得极为藐视礼法。贾尼斯·斯托卡德（Janice Stockard）在其引人入胜的专著《珠江三角洲的女儿们》（*Daughters of the Canton Delta*）中指出，这个时期的未婚女性除了是社会异类之外，还是一种巨大痛苦的根源。世人认为，她们的灵魂会造成庄稼歉收、男女不孕不育，甚至其他许多不幸。据说，未婚女性死去的地方寸草不生。因此，垂死的年轻女性被带到荒郊野地里慢慢死去，为的是尽量减少因其单身未婚而造成的各种损失。当然，未婚女性的灵魂也会造成窘境。她们那些孤独不安的灵魂，也许会经常回来纠缠活人和结婚成家的人。

这些未婚女性的逞强行为背后有一个不容忽略的重要原因，即她们都是缫丝女工。在她们抗婚活动的高发时期（1890 年至1930 年间），她们的生活所在——地珠江三角洲地区在丝绸产量上占全世界的 1/9。据斯托卡德披露，截止 1930 年，这一地区总共拥有 300 多家缫丝厂，每年生产近 4 000 吨蚕丝，为年轻女性创造出了前所未有的经济机会。缫丝女工被雇来做那种从蚕茧里抽丝的工作，难度极大，是制丝过程中的重要环节。这需要眼力好，手脚灵活。她们技术熟练，收入很高，每天能挣到 1 美元，几乎比田间男劳动力的收入多一倍。

由于辛勤工作、蚕丝销售量大，缫丝女工们也给自己织了个经济独立的蚕茧。当家人认定她们应该结婚时，这些缫丝女工很少直接结婚的，大多都是经历了一番斗争。斯托卡德写道，没有逃婚的自梳女花钱给自己买了一条出路，她们的订婚是所谓"补偿婚姻"：由她们付给未婚夫家人大约 300 美元（这近乎是她们一年的薪水），用于购买婢女。婢女，实际上就是从外面买来的妻子，既要生孩子，照顾公婆，又要满足丈夫的欲望，履行着自梳女们自己不愿意承担的妻子的全部责任。虽然自梳女不在家里生活，但是这种交换却使她们拥有正式的婚姻地位。这样做的好处是，她们能够在夫家的地里得到一个体面的葬身之所，死后她们的灵魂可以在那里安息。

更有胆量的自梳女则通过嫁给死人的方式节省那笔补偿费用。这种婚姻在当地被称为"守墓清"。早逝单身男子的家人担心他死后孤独，于是便找一位在世女子为其安排婚事。此类阴婚在 20 世纪初的中国东南部非常盛行，死去的男子简直成了炙手可热的婚配对象。斯托卡德在书中写道："想找一个死去的男子结婚并不容易！每当有家庭想要给死去的儿子安排婚事时，消息便不胫而走。"根据斯托卡德的叙述，为了嫁给死去的男子，这些女人们经常打得不可开交。

1923 年，随着经济大萧条到了最严重的地步，蚕丝的市场需求量急剧下降，中国女性享有的独特经济机会也宣告结束，珠江三角洲地区那些叛逆的抗婚女性似乎也"另有所悟"。

与以前的自梳女非常相似，克里斯蒂的经济条件可以使她暂时不结婚；如果她愿意的话，也可以完全放弃婚姻。她很幸运，不必逃婚，不必花钱收买公公婆婆，或者嫁给死人。但是克里斯蒂的那些过去时代的姐妹们在一些方面也有自己的优势，比如，珠江三角洲的自梳女尽管被迫出嫁，她们的经济实力还是会令人称赞。那些给予婚姻补偿，或者订阴婚的自梳女父母们，为自己有一个能够继续工作的缫丝工女儿而感到骄傲，因为这意味着她们可以给家庭带来一大笔经济收入。斯托卡德在《珠江三角洲的女儿们》这部书中指出，在父权社会的中国，"这里是唯一一个女儿出生值得庆贺的地方。"

同样，19 世纪，新英格兰的那些大龄单身女性"具有很高道德水准，是地地道道的女人"。她们甚至被称赞为"有勇气选择单身，因为如意郎君尚未出现。"大龄未婚女性实际上是一种社会现象。1868 年 3 月份《民族报》（*The Nation*）的大字标题是《为什么单身越来越普遍？》（*Why Is Single Life Becoming More General*？）这篇文章引用了弗朗西斯·B. 科根（Frances B. Cogan）的言论。在《美国女孩：19 世纪中期的美国成为真正女人的理想》（*All-American Girl：The Ideal of Real Womanhood in Mid-Nineteenth Century America*）一书中，她描述了大龄单身女性增多同"文明进程"密切相关的现象。她写道："男人和女人找一个喜欢的人生伴侣并不是那么容易。他们的要求变得更严格，衡量优秀的标准也更高。他们不太容易找到一个既能满足自己的理想，又能满足其他所有人理想的生活伴侣。"

公平而论，在各代王朝星罗棋布，又发明过造纸术、指南针和火药的 5000 年漫长历史中，中国一直是"文明进程"的伟大推动力量，然而在科根所特指的那个文明方面，中国却一直做得不好。否则，我们如何解释下述现象：19 世纪 80 年代珠江三角洲的单身缫丝女工在工作与经济实力方面受到当时世人称赞，而像克里斯蒂那样的当代职业女人，无论她们的教育成就和职业成就多么显著，只要到了一定年龄还未结婚，就仍然会受到敌视和贬低？

在开始回答上述各方面含义丰富、很有用意的问题之前，我们应该记住：剩女的出现，极大程度上背离了 30 年前中国势不可挡的社会规范——结婚生子。作为妻子和母亲，中国女性注定要成为家庭不可缺少的要素，而家庭又是国家不可缺少的要素。借用一句清朝之后继续在中国社会发挥作用的金玉良言：家庭是国家的缩影，和谐家庭是和谐国家的基础。因此，女性发挥着重要作用。由单身女性，特别是由自立的单身女性构成的家庭，则截然不同，这是极不稳定的，而且在有些人看来，甚至是危险的。

最好是经常被引用的一句谚语所说的那样：男主外，女主内。中国女性应该在持家的同时，养育快乐健康的儿女。这样丈夫就能够无拘无束地去工作，开展社交，进一步关注更加重要的国家大事。尽管这一定义随着时代发展已经有了现代内涵，但是"女主内"的传统角色却很受称道，现在仍然是许多中国男人的择偶标准。

克里斯蒂说："两年前，我仿照法国酒庄的形式在一家高端俱乐部组织了一场除夕晚会，我邀请了一位我一直接触的男士前来参加。他来了。"克里斯蒂紧接着描述了他怎样喝酒、跳舞的情形，当时他显得很开心。但是晚会过后，那位男士却莫名其妙地不再给她打电话了。当克里斯蒂最后询问其中的原因时，他解释说，当他看到她身穿樱桃红丝绸礼服，身边簇拥着许多人，步履矫健地四处奔走，要确保一切都进展顺利时，他觉得她很不安全。

"那次晚会是我事业上的一个里程碑。"克里斯蒂说道。

她心里也很清楚，从个人角度来看，晚会却不是那么成功。"当然也可能有其他因素，不过让他在那种关系中过早地看到我出现在那样的环境里，我这样做可能是有欠考虑。他不是一个例外，很多中国男人都会做出那样的反应。"她随即又举出了一个例子：她的母亲急着让她去见一位博士，因为他在美国留过学，可能更容易接受克里斯蒂的"现代"做派。这位博士刚刚离婚，带着一个孩子。第一次约会时，他对克里斯蒂说，他同前妻（也是中国人）的关系之所以破裂，是因为她（也是一位博士生）没有尽到自己的家庭责任。

克里斯蒂心里清楚自己的职业的特点，也知道自己是个主外型，而不是主内型的女人。这些特点在约会时都对她不利，她心知肚明，但是她不想通过牺牲事业的方式去换取结婚的机会。她希望自己最好能够找一个支持自己事业的生活伴侣，或者至少不会被她的事业追求吓走的伴侣。仅从数量上来看，这应该办得到，因为 60% 以上的中国城市女性都有自己的工作。中国的经济发展也要求许多身为人妻者不再选择待在家中，这样她们可以对家庭的经济稳定做出贡献；而且在许多情况下，她们的收入甚至高过自己的丈夫。根据男主外，女主内的角色划分，中国的妻子们除了在工作上投入时间以外，还必须承担繁重的家务劳动。但是从职业的角度来看，她们要比还没有结婚的同辈人有一些优势。

《女航天员：单身女性不可申请》（*Female Astronauts : Single Women Need Not Apply*），中国官方主办的《环球时报》上的大字标题这样写道。当时中国正在决定招聘第一位女航天员，举世瞩目。那篇报道解释说，根据航天专家的意见，"单身女性不适合做航天员"，接着又具体指出女航天员"应该在心理上和身体上同男航天员一样有很强的适应能力"。

这篇文章还提到，在许多外国新闻机构进行现场报道的情况下，北京中国空间技术研究院的庞之浩表示，女航天员不能有口臭，不能有伤疤或脚疾。"口臭会使其他航天员感到烦恼（男航天员就没有口臭吗？），伤疤会在外太空中流血。"他在接受中国国家新闻社——新华社的采访时这样表示。这篇文章继续写道，"有抱负的女航天员也应该结过婚，有孩子。"因为航天飞行也许会影响到她们的生育能力。"尽管没有证据表明航天飞行会对女性产生生理上的影响，但这毕竟是中国第一次（将女航天员送到太空），我们必须更加小心谨慎。"解放军空军总院教授徐向荣在中国国家广播电台这样表示。

中国在把第一位男宇航员送上太空（2003 年）的 9 年后，又把第一位女宇航员送上了太空。一般而言，这是一个好兆头，然而却暗示未婚女性不适合太空旅行，因为她们在心理和体能上都不如已婚女性。这对于中国社会来说是个巨大退步。

"女人的持家能力可以反映出她如何管理员工的方式。"

克里斯蒂的朋友徐丽（音译）说。她在一家大型电信公司的国际业务拓展部担任经理。她本想离婚，却又担心这样会危及她的工作。"我管理着140名员工，又要养家糊口，所以我不能冒那个险。"她住的地方离丈夫有300千米。她的丈夫不做全职工作，在另一个城市里照顾他们的女儿。徐丽一个人生活在北京，购买了一套住房，还搭上了一个情人。老板并不知道她有个情人，她也不担心老板发现什么蛛丝马迹。"从职业的角度看，我有婚外情要比离过婚更好一些。"她这样说道。

至少现在对于克里斯蒂来说，单身未婚还是有利的，因为她可以利用晚上的时间参加一些必要的活动，不断扩展人脉。"我肯定想结婚，我也要积极地找对象，但是不能让这件事影响我的其他抱负。"她说道。

但愿她的家人也表示赞同。

在克里斯蒂外出参加朋友们周日上午的香槟早午餐聚会时，她的祖父刚从北京天坛公园回来。接连好几周，他都同其他一些为孙子孙女找对象的七旬老人一起，聚集在一个树木茂密的大型广场上。那里摆着多本厚厚的征婚简历的复印资料，内容包括眼看要熬到头的单身男女的姓名、年龄、身高、工资、星座等各方面的信息，有时还标出血型。还有一些征婚广告写得更加具体，由年龄较大的征婚者用毛笔将个人情况歪歪斜斜地写在了纸板上。克里斯蒂的爷爷为她写的征婚广告也是这一类，把她描述为：皮肤白、脾气好、年轻有活力。

"看看这些吧！"爷爷把一小摞带回家的简历拿给克里斯蒂。她乖巧地顺从着爷爷，但私下却认为就这样把自己在公园里卖了实在太可怕了。

"你都这么大年龄了，可不能挑三拣四！"爷爷严厉地提醒她。克里斯蒂准备着再换一顿训斥，从爷爷手里接过那些简历后，微笑着在爷爷耳边调皮地问："不知道我会不会遇着已经死去的单身汉？"

第二章

一

代沟问题：亲情压力下的催婚

张梅（音译）来自哈尔滨以外的一个小镇，距西伯利亚边境不到两小时的路程。哈尔滨是中国东北气候寒冷的黑龙江省省会城市，因一年一度的冰雪节举世闻名，吸引着数百万游客纷至沓来；富有传奇色彩的东北虎林园同样名冠天下，游客们可以自愿成为现场观众，观看虎园里有名的喂虎场面；也可以根据美味菜单选购鸡肉、鸭肉、羊肉和牛肉，抛给那些从来都吃不饱的猫科动物，看着它们大吃大嚼，享用美味。

　　虽然张梅为自己来自冰雪之乡而颇感自豪，也深谙各种抵抗严寒的绝技，但她还是在取得历史学硕士学位后离开了哈尔滨。那一年，她 24 岁，她应该把自己所学的知识全都派上用场，看看在大城市里能找到什么样的工作。但是要说服父母同意她闯荡北京并非易事。父母认为她到了这个年纪也该回到故乡小城，在父亲工作了30多年的银行里找个稳定的正式工作，安安稳稳地过日子。她还有一个姐姐，名叫张晨（音译）。因为父母当年所生的第一个孩子是女孩，所以可以生二胎。张晨在21岁时就结婚了。她没有上大学，因为她对经营自己的服装摊位更感兴趣。她一直在追求着自己的这个梦想，并且获得了一定成功。张梅也要努力追求自己的梦想。她同父母讨价还价，要在北京"自由"闯荡三年——在这段时间里她足以获得一些扎实的工作经验，并许诺在30岁之前回到哈尔滨。

我们应该记住，在过去30年里，中国总共有3亿人从农村迁移到城市地区，为了寻找更好的教育、就业和生活机会。这种人口迁移活动除了促进中国经济蓬勃发展以外，也正如《金融时报》知名记者雅米尔·安代利尼所说的："这是地球上每年一度规模最大的哺乳动物迁移活动——蝙蝠每年的迁移数量为9000万，位居第二，被远远地甩在后面。"

在农民工当中，大部分是女性，因为农村男性要留下来种地，或者打理家庭生意。我们在这里强调这一点很重要，因为剩女经常被说成是一些"受过良好教育，有抱负，有职业前途的城市女性"。然而这只是正在发展着的更大格局的一个方面。剩女也不仅仅是个标签，更代表着同学历、工资、民族、身份无关，甚至同城乡差别也无关的一种心态。

代　沟

　　我来到北京后不久就遇见了张梅，因为她是我的中文老师，当时她 25 岁。在语言学校第一次上课时，女校长先让 3 位老师给我上小课，然后我可以从中选出一位最喜欢的老师。试讲结束后，张梅明显就是那位我最喜欢的老师。当时我不会讲中文，她也几乎不会讲英文，我们无法沟通。但是她那种富有表现力的天性和猫跟鞋上毛茸茸的大绒球深深地吸引了我。

　　有一天晚上在上课前，学校里的另一位外国学生突然闯进了走廊，两个眼睛肿得像河豚。她刚刚同相处了几年的男友分手，一路哭着来到了学习中心。当我正想说几句话安慰她时，张梅走上前去，顽皮地拍了拍那位姑娘的肩膀："没事。"以前我也听过这句话，中文的意思相当于"Hakunamatata"（斯瓦希里语，意为"从此后无忧无虑"）。张梅对我也曾说过同样的话，当时我遭遇到一场摩托车事故，左腿正面流血不止，一想到要去当地医院缝几针可把我吓坏了。但现在，走廊里的那位姑娘还是显得不太相信。"你现在自由了。"张梅对那位仍然伤心的姑娘说道。这时，那位姑娘的瞳孔像是要突出变形一样。显然，要成为"自由女神"的前景并没有使她得到安慰。

　　张梅和我走进小教室关上门后，我还对走廊里的那个女学员表示了同情。接着张梅在我的肩膀上轻轻地拍了一下："哎呀！"她发出一声感叹（这种情况下，中文的意思是"别再胡说了！"），然后就教了我下面这句话，它后来成为我在中国定位浪漫关系的明确指南："爱情属于青少年，但是说到婚姻，必须要讲究实际。"在我们解决了句义的翻译问题，而且我确信自己也明白了她的本意后，我觉得有些恼火。湿纸巾和工装裤同样都是非常实际的东西，难道它们也能构成婚姻的基础？

我要求她再详细解释一下，看看是否有什么细微含义我没有理解。但是使我感到惊讶的是，她以家乡东北虎的坚韧劲头为自己讲过的话进行了辩解："有的时候可以浪漫，有的时候必须负起责任来！"她这样说道。毫无疑问，她坚持认为，这两条线不可能交叉在一起。

张梅26岁那年，她的父母开始催她回家结婚。根据他们的计算，女儿在北京生活的3年已经大大超过了期限，需要开始考虑自己的未来。她的同学大多数已经结婚，邻居们也开始议论纷纷。渐渐地，母亲总是在她的耳边唠叨结婚的事情，每当她打来电话问长问短时（晚饭吃什么了？北京的天气怎么样？你涨工资了没有？巧克力吃得少了吧？），就开始插入一些有关家乡的姑娘结婚、怀孕的最新消息。"你啥时候回家把人给我们带回来？"她的母亲接着总是这样低声说一句。张梅的回答则是一成不变："最近工作太忙，没时间考虑这种事情。"

"如果年轻女人不必离开家乡去寻找更好的教育和就业机会，中国就不会有剩女！"有一天在上课时，张梅语气非常坚定，也带有一丝苦涩地说道，"只因为我们离开家乡，才出现这种情况。在家里，一切都很简单。即使你自己不主动找对象，你的父母、亲戚和熟人也会给你介绍几个。最后，你会同其中的一个人结婚成家。但是在北京这样凡事都要自己去做的大城市里，情况却完全不同。"

如今28岁的张梅居住在一个像宿舍一样的小房间里，离工作单位有一个半小时的通勤路程。她与另外8个女士共用一个浴室。作为一名私人语言教师，她每周经常是7天随时听候召唤，这具体要看老板有多仁慈。虽然她享受着来到大城市后给自己带来的"自由"，但是她也认识到：这使她在某程度上成为"另类人物"。

张梅面临的最大难处是，每次回家探亲总会有人对她说，那些没有上大学的高中同学都已结婚，有了孩子。"我见过以前的那些女同学，她们就像旋转的陀螺一样，永远围着丈夫、公公婆婆和孩子转。我不想过那样的生活。"

听着她的诉说，使我明白中国是如何变成世界最大经济体的。尽管还存在着各种不足，但中国是一个有远见的国家，让女性也积极参与到了实现经济发展目标的过程中来。年轻的中国"打工妹"是这一发展计划非常奏效的重要原因。她们成群结队地涌向工厂，组装耐克运动鞋和iPod音乐播放器，使中国跻身于世界工厂之列。这些打工妹用自己挣来的钱养活父母，为家中兄弟支付婚礼费用，或者为妹妹缴纳学费（在家中有不止一个孩子的情况下），略微体会一下手里有钱的滋味，然后再回家结婚，尽自己的责任。如今她们仍然是经济发展的强劲动力，也越来越多地离开工厂去进修学习、走进大学校园。这一段经历也使她们更加难以返回到传统的生活当中。

使问题变得更加复杂的是，许多年轻的打工妹在合格男性不多的就业环境里找到了各种粉领工作。"我真正打交道的那些男士都是已婚男士。"张梅说道。她指的是那些来自韩国和日本的中年职业男士，他们构成了张梅所教学生的主体阵容。她所有同事都是年轻女性，其中许多人同她的情况类似。她经常在周末同她们约会，主要是吃火锅、看电影或者去KTV。她们的夜间活动开始得较早，在五点半或六点吃晚饭，最晚夜里十一点回家，为的是赶上返回住处的最后一班公交车。

这些业余生活无助于遇到心仪的男友，所以张梅的一位同事就决定大胆地尝试一下网上交友约会。她照了一张自拍，让刘海半遮住眼睛，俏皮地撅起了嘴唇，在脸旁伸出两个手指，摆出亚洲女孩拍照的典型的 v 型手势。她将自拍照上传到网上时还写下了这样一句话："我登录这个网站，是因为平时我身边都是一些已婚男士。"几天后，她收到了一位年轻绅士的回信。这位男士戴着黑边镜框（好像没有镜片），留着又短又直的头发，脸上带着同样俏皮的微笑。他在回信中写道："我登录这个网站，是因为平时我身边都是一些已婚女士。"

她对此很感兴趣。随后他们开始在网上聊天。她很快发现，他是一位专门给儿童拍快照的摄影师，每天都同活泼的婴儿和喜形于色的母亲们打交道。他们两个人继续约会了几次，但是没有产生任何结果。不久，两个人又回到了整天同已婚异性打交道的日子里。

张梅也尝试过网上约会，但是她对于结果守口如瓶。她只是说："我给几个男士发了短信，但是我感兴趣的男士没有一个回信。"事情就这么结束了。

在跟张梅学习的过程中，中文的各种特点使我感受到无穷乐趣。英文 avocado 在中文中称为"鳄（鱼）梨"（alligator pear）。这只是体现出中文神奇的视觉特点的其中一个实例而已。更可乐的例子是屁眼，翻译成英文就是"the eye of the butt——屁股的眼"（这也是中国人谈论屁股的独特方式）。同样，"骑驴找马"这样的表达方式，也是同当地人进交谈的有趣话题。"骑驴找马"翻成英文就是"riding the donkey while looking for the horse"，当我发现它既可用于形容找男朋友，又可以用来形容找工作时，就更有意思了。mo gu 与 mu gou 也是我努力要辨清的两个词。mo gu 的意思是"蘑菇"（mushroom），mugou 的意思是"母狗"（female dog）。由于发音不准，我多次在餐厅吃饭点菜时点过 mu gou。幸运的是，在中国大多数地方吃狗肉是违法的。在广东等地狗肉是冬季里的美味佳肴，但在北京出售狗肉的餐厅并不多。每当我要点蘑菇这道菜时，虽然发音不准，服务员最终也能明白我的意思。

接下来还有三个不可能搞错或弄混的小词：wo ai ni（我爱你）。在英文中这三个词的意思"I love you"。这可能是除了"Hello"和"Glad to meet you"以外，中国学生在英语课堂上学的第三句话。在中国，我见到这句话几乎写在了包括笔记本、床单、壁纸和美味早餐在内的所有东西上。在我洗过牙后，我的牙科医生甚至送给了我一个上面写着"I love you"的促销钥匙链。其实送给我一支牙刷反倒更合适。

尽管"I love you"在中国似乎随处可见，但是由于我对中国人的亲密恋爱情况一无所知，所以我或多或少地只能假设中文里的"我爱你"用得更加严肃一些。"不。"张梅解释说，"对于我们来说，'I love you'有另外一种语言的美，它简洁、通用、含蓄。但是'我爱你'在很大程度上还是一个新鲜事物。"

我很好奇，想更多地了解一下。于是我就给30个中国好友发去了电子邮件。大约有25人给我回了信。我知道这并不是一个有代表性的，或者是科学的调查结果，但我发现结果却比预料的更有启发性。

在我联系的朋友当中，20世纪70年代出生或者更早出生的人没有几个承认曾经说过"我爱你"。有位38岁才结婚的朋友跟我讲了一段往事：有一天下她同丈夫一起看了一场电影。电影根据约翰·济慈创作的一篇小说改编，里面的人物运用了很多表达情感的热情洋溢的话语。

电影散场后，她丈夫说电影中的男主角真心爱着那位女人，因为他讲出了许多心里话，但实际上他却很少用实际行动给她带来幸福。"爱情并不是嘴上说一说就行了。"这位好友在回复我的电子邮件中这样写道，"如果你爱一个人，你就要关心他／她，尽一切努力让他／她感到幸福。"

但是，那些出生在 20 世纪 80 年代的朋友对此却有着不同的看法。如何说出、何时说出"我爱你"，这个问题使他们备受折磨。大多数人承认，这句话说出来后不是场面难堪、不可收拾，就是让人笑掉大牙。张梅说，自从中学谈过恋爱以后，她爱自己的那只猫胜过爱任何一位男人。她有一位已婚朋友认为，"我爱你"就是"促成结婚的傻话，婚礼一结束就再也不说了"。在从没有说过，或者很长时间没有说过"我爱你"的那些人当中，许多女士尤其表示很想有一天找到说出这句话的感觉。克里斯蒂把"我爱你"称为"非常私密、难以说出口的话"。然后她又面带微笑，做出各种眨眼表情说，她要找的"灵魂伴侣"（死尸新郎）是不会说话的。

我的好友光（音译）先生是一位澳大利亚出生的中国人，爱穿天鹅绒运动夹克，也喜欢古典文学。有天晚上喝酒时，他一反常态，以一位门外汉的方式悲叹道："爱是一种具有两面性的牛肉饼。当你手里拿着它时，世界上没有比这更好的东西了。但是你如果天天吃它，而且吃了很长时间，那就会毁了你。"说句公道话，在我向他提出这个问题的时候，他购买的股票行情正在好转。他以渴望的眼神凝视着他的酒杯说道："女人和汉堡包，只能让人心碎，还会让人动心脏搭桥手术。"接着他就停顿下来，造成一种戏剧效果，他深知我当时正在欣赏着那个场面。

其他中国绅士对我的询问则守口如瓶，而且很快拿道家思想来理论一番。他们淡化了"我爱你"的情感意义，坚持认为中国的情感表达比较含蓄，更多地通过行动而不是言辞表达出来。我心想他们一定是经常倒垃圾的好男人，可是当我把他们的观点说给一位最近刚刚结婚的中国朋友时，她并不赞同。

那些"90"后的年轻小鬼们是最为激进的一代。他们认为，"我爱你"既没有积极感情色彩，也没有消极感情色彩，只是自然而然说出的一句话——出现在短信中，出现在科学课堂的黑暗角落里，或者出现乘地铁回家的拥挤旅途中。

虽然代沟并不明显，但让我颇感意外的是，每一代人似乎都对"我爱你"这句话有着不同的理解和体验。实际上，贯穿于各代人之间的共同线索就是来自自己父母的影响。在我的20多位朋友当中，没有人曾经听到自己的父母对彼此说过"我爱你"，或者对自己的子女说过"我爱你"。这一发现让我始料未及。我在想，是否应该将其作为张梅对婚姻所做的功利性描述的证据。

虽然张梅似乎对于浪漫情感毫无兴趣，就像我在中国遇到的每一个人一样，但是她对于一个非常浪漫的概念——缘分，表现得却极为推崇。缘分大致上指的是一种情投意合的关系，或者使两个人心心相印的一种亲和力，无论是兄弟情义，还是浪漫关系。从日常角度来看，缘分也是一种巧合。例如，你约定要在晚上同朋友见面吃晚餐，但是却碰巧白天在一家咖啡店里提前碰到了他。你可以说你们很有缘分。两个偶然在火车上坐在一起的乘客，最后谈得很投机，也可以说他们有缘分。他们意外相见，并且就在那个时刻一拍即合，谈兴甚浓，这确实不同寻常，因为在广袤的世界里发生这种事情的概率很小。同样的道理，恋人们也可以说有缘分。命运让他们彼此相遇，他们有时会有一种相识已久的感觉（也许他们前世见过面）。

张梅很在意缘分。谈到找对象，她常说："看缘分吧。"我觉得她真的认为缘分"把她耽误了"，或者有一天也会遇到有缘之人。不过一到春节时，她的这种想法就开始动摇了。

亲情压力下的催婚

"我父母在同一个单元里住了30多年。"在过春节还有几周的时候，有一天张梅对我解释说："多年来我家的邻居全都没有变，他们全都是我父亲在银行工作时的同事。20年前，我们全都搬进了一栋新楼，因为旧楼被推平了。但是邻居全都没有变。他们对我的生活了如指掌。"

我原以为在一个大家庭的陪伴下成长，对于张梅来说是件好事。但是她很快就纠正了我的乐观假设。

"每当我回家过春节时。"张梅说，"我都有两种选择，我可以乘飞机去哈尔滨，也可以乘火车去。我买得起机票，也很想乘飞机回去。但是我总是乘火车回家，只有这样才能在深夜到哈尔滨。这对于我姐姐来说就更复杂了，因为她必须在结冰的路面上摸黑开车来火车站接我。这么晚到，能使我很方便地避开邻居。我家住在并排六栋公寓楼中的最后一栋。走到我家，我需要从五户邻居家门口经过。如果白天走过去，每栋楼里肯定至少会有一个人突然走出来，开始询问我的个人问题，我无法面对这种情况。因此，我就对家里说我害怕单独乘飞机，这样他们就同意我乘火车。"

就像克里斯蒂向我证实的那样，春节是一年里中国的单身男女青年感到压力最大的时候。"有些人的母亲已经开始行动了，我也配合行动，因为我知道这对于我母亲来说是件大事。

但有时我不禁觉得一代鸡却生出了一代鸭。"她这样说道，还提到了由母亲们一手造成的季节性找男友的重重压力，以及她那些未婚朋友在春节前后经历的事情。"我们的母亲总想把最好的给我们，但是她们认为的最好的，却完全不同于我们想要的那种！"

像克里斯蒂那样的北京姑娘，一年当中都要进行数次相亲约会。在这里约会一位年轻的政府官员，在那里约会一位芭蕾舞男演员，中间还要见上几位学者。但是张梅的情况有所不同，她的母亲一年当中只有几天跟她在一起，所以她要为女儿充分利用这段时间。于是，她在初秋就开始张罗给女儿找对象的事情。

"春节前后我母亲简直要忙疯了。不过说实话，我并不认为她看到我没有对象就感到有压力。"张梅解释说，"是邻居们让她感到有社会压力。所以出于绝望，她又把这种压力传给了我。"

"你怎么能这样肯定呢？"我问她，结果答案让我惊叹不已。

中国采用国有供暖系统，这对我来说很奇怪。大多数家庭的供暖不是由居民来控制，而是由政府来控制。比如在北京，11月15日开始正式供暖，一直持续到3月份。有些公寓采用"私热"供暖形式，居民可以随意打开或关闭供热系统。采用"公热"供暖形式的公寓（占大多数）只有在市内规定的时间段里才能供暖。由于哈尔滨气候寒冷，公热供暖的时间比较早，10月15日就开始了。但是因为供暖是通过烧煤实现的，每个寒冷季节一开始经常出现严重污染的问题。

"我母亲在整个11月里闭口不谈结婚的事情，污染非常严重，所以她都不想出去看朋友。因此，我真的认为由于没有朋友们的干预，她就会忘了我的事情。要想知道空气质量指数是否已经恢复正常，我都没必要去查看哈尔滨天气预报。我用耳朵就可以听出来。天空变得晴朗起来时，她就很快要出去交际了。在探听到有关订婚或者生孩子的最新消息后，她又会盯上我。"

下课后，我们正在大街上走着，张梅的电话响了。每个星期三晚上最后一节课后，张梅都要和母亲通电话。所以来电话是预料中的事，但是她们的通话内容很可能不同于平时的轻松说笑。张梅允许我旁听通话内容，并把它在此展现出来。用她的话说："这对中国女同胞都有好处。"

母亲：老二啊（这是爱称），你正在往家走吗？

张梅：是啊。

母亲：吃过晚饭了吗？

张梅：在回家路上买些面条就行了。

母亲：哎呀，自己一个人吃不孤单吗？

张梅：没事，反正已经晚了。

母亲：如果你有男朋友，就有人陪你吃饭了。

张梅：妈，你这话是什么意思啊？

母亲：没什么意思，要是有人照顾你，我就放心了。

张梅：（此时沉默）

母亲：这个周末要做什么？

张梅：放松放松，买点东西，读读书，上网看几部电影。

母亲：哎呀，不去外面走一走吗？你要是有男朋友，就会有人陪你逛街了。这对你的身体有好处，你也用不着花自己的钱了。

张梅：妈，你说什么呢？

母亲：你为啥不去上班？不上班能挣钱吗？

张梅：妈，你想让我一周7天都上班吗？要是那样的话，我连花钱的时间都没有了。

母亲：没有男朋友，就是有时间也没什么意思。你最好还是先攒钱吧。

张梅意识到又要发生争执，于是就改变了话题。

张梅：我爸的过敏情况好些了吧？

母亲：好多了，不用挂念他。我们更关心你。希望你过春节时把男朋友带回来。

张梅：妈，离春节只有两个月了，我上哪儿这么快就找到人呢？

母亲：上哪儿找我们不管，把人带回家就行！

张梅：妈，你知道，我要是随便找个人带回来结婚，我们的关系也不可能长久，对吧？

母亲：不一定。

张梅：那好，不过我要是同一个陌生人结婚，离婚的可能性肯定更大。你宁可让我以后离婚吗？

母亲：那你至少还结过婚！

在这场不同寻常的谈话结束后，我问张梅，她准备采用什么办法在接下来的60天内找到生活伴侣。她回答说："不知道。"我向她推荐几个外国男友，他们也许愿意和她一起回家扮演对象的角色，只要能够免费在哈尔滨游玩几天，看看东北虎林园就行。"不行，我认识的一个女孩那样做过。她老爸一下就看出来了。他说那小伙长得太帅，不可能被他女儿吸引住。如果我老爸也看出来了，那该怎么办？"张梅说道。

到了晚上，我就动脑筋思考怎样才能帮助张梅。张梅否定了我提出的大多数建议，直到我提出租个男友。以前我听说有些中国男士在过春节时把自己出租给单身女子，按天收费。这听上去挺冒险，会招来很多麻烦，得不偿失。让我颇感意外的是，张梅反倒愿意尝试一下。

在之后上课时，我登录了淘宝网。作为马云的阿里巴巴公司王冠之珠（目前阿里巴巴公司是纽约证券交易所的最大一家新股发行公司），淘宝网是一个巨大的在线市场，从带有爪脚的陶瓷浴缸到进口的有机藜麦，销售的商品五花八门，种类齐全。

其巨大流量和商品选购种类，使亚马逊有些相形见绌，在它面前显得好像是个买柠檬汁的小摊位。我很快发现，有许多年轻的中国男士都愿意出租自己，想在春节这个中国最大节日期间赚点外快。

第三章

——

势均力敌：单身女性的新选择

许多中国家长都依照大自然中的事物给女儿起名字（比如莲、芳），但是艾薇（Ivy）这个英文名字却来自第一个同她有性关系的有钱已婚男人。"他被我的大长腿给迷住了。"艾薇说道，"既然我觉得这个名字适合我，就保留下来了。"

艾薇的大长腿名不虚传，就好像任何植物都不易攀爬上去的两个棚架。但是要不是她心气高傲，执意地想让自己的生活大大提升一个档次，她那双大长腿能否给她带来如此丰厚的回报还很难说。

"中国男人想要的老婆得有四个特点！"她摆出权威的派头，一边喷吐着烟雾，一边这样解释说：

"1. 容貌漂亮；

2. 体贴贤惠；

3. 任劳任怨；

4. 对于丈夫的欺骗行为视而不见。"

"他们想要的基本上就是一个童话。"她说道，"难怪他们必须要到别处去满足自己的全部愿望。"

仔细打量一下你会发现，艾薇长得确实漂亮，但是按照中国标准却说不上体贴贤惠。她吸烟的那种架势我从没见过：刚刚吐出烟雾，紧接着又吸入一口，那劲头就好像一条龙往鼻孔里吸烟一样。她很少微笑，不过她却能聚精会神地倾听别人讲话。她既坦率又很有底气地谈到了自己如何通过实现别人的童话来换取自己的美丽结局。

艾薇来自二线城市成都的一个中产阶级家庭。她靠着自己姣好的面容、坚定的决心和艺术才华，考取了中国一所最具传奇色彩的戏剧学校——那里不断地培养出才华横溢、极具魅力的女演员和电影明星。艾薇尽管也有才华，但是她觉得自己根本比不过那些社会人脉更广，更有靠山的同学和校友。在对自己最有市场需求的才华优势进行仔细评估后，艾薇觉得自己那双美腿就是她步步升高的最大资本。有了这种想法之后，她很快就在一次朋友邀她参加的学校商业社交活动中遇到了一位男士。艾薇看到这位男士开的是最昂贵的阿斯顿马丁豪华轿车。于是，她便利用自己的修长美腿来吸引他的眼球，不久就找到一个新职业，做起了这位男人的情妇。

在这里值得一提的是，婚外情一直是中国封建王朝的发展动力。中国历史上最有权势的女人武则天起初仅仅是皇上的宫中才人。后来她残忍地鼓动当朝皇上对付自己的儿子，将自己仅仅活了七天的女儿的死嫁祸给敌手，最终成为中国历史上掌有至高无上统治地位的女皇。在中国5000年的历史上，她也是作为皇帝正式统治中国的唯一一位女人。

如今尽管通过风流韵事和婚姻手段取得财富、地位的做法有所收敛，但是在中国仍很盛行。中国在转向市场经济的过程中，为寻求财富者提供了一个机会遍地、前途无量的新天地。使这一过渡时期变得更加吸引人的是，中国从一个基本上没有雄厚家底的国家逐步迈向一个成熟的镀金时代。30年前，除了同政府的特殊关系外，各个阶层之间差别很小。城市里的专业人员全都居住在工作单位分配给他们的相同水泥建筑物中，在大体上一样的单位食堂里用餐，在同样的社会经济圈里结婚——常常由单位领导牵线安排。他们生活平淡，受到严格管制，没有工作单位的同意，夫妻甚至不能离婚，离婚要求很少得到批准。

当时婚姻制度根深蒂固，是成人的必要先决条件，就连赠送结婚礼物也要遵循一定标准。20世纪80年代，按照当时习俗，新郎父母要为他们的新过门儿媳妇提供"三转一响"四大件：自行车、手表和缝纫机，外加收音机或闹钟。到了90年代，这些结婚大件又升级为电视、电冰箱和洗衣机。但是自从中国的经济蓬勃发展以来，结婚的大件家用物品的标准就没有上限了。仅在 2000 年与 2015 年之间，中国的中产阶级就从 500 万人增加到 2.25 亿人，预计到 2020 年会再增加 5000 万人。同时，中国在 1998 年建立商品房市场以后（此前所有房地产均属于政府），房价飙升，对于象征个人地位的住房和小汽车产生了堪称魔鬼经济学般的市场影响。

除了这种想要通过婚姻来获得物质财富的渴望以外，还有一句中国的媒人们已经沿用了数百年的永恒格言，即"门当户对"。这句话的基本含义是婚姻伴侣应该来自类似的家庭和社会经济背景。男方的家境最好略微优越一些，这样可以名正言顺地成为户主和养家糊口的人。尽管这普遍被视为理想状况，但是中国暴富阶层的出现，加上贫困阶层的继续存在，以及迅速壮大的中产阶级眼界开阔，胃口也越来越大，所有这一切使游戏规则发生着急剧变化。与印度或其他严格推行种姓制度的国家不同，中国任何背景的女人都可以通过傍大款迅速过上更好的生活。对于那些胆识过人，不厌其烦地积极寻找门当户对的男友的女人而言，巨大的利好在等待着她们。

依赖男人的女性

"水涨船高"，X博士这样说道。当初我在撰写一些有关中国婚姻问题的文章时找到他，请他提供一些情况。他担任过政府官员，还是一家促进中国与世界各地文化交流的神秘的非官方机构的常务副主任，对两位美国婚姻顾问在中国的工作起到了积极推动作用。我们初次见面时，他将我请进了他的办公室，还沏了一壶上等好茶款待我。

此时，我对于中国婚外情问题的了解还很肤浅。那时他的一些观点显得非比寻常。

X博士的一番话说得从容自信，容不得你不把话听完，尽管我从道义上不同意他所讲的观点。我问他为什么情妇现象屡见不鲜，尤其是在像他那样有地位的男人中间？他教会了我一个新词——精神。按着X博士的解释，精神（译成英文是vitality）就是精气神，激励着男人不断地追求比自己年轻一半的女人，让她们陪伴身边，给自己增添活力。

要是将X博士说得一无是处，那也未免过于简单化了。他毕竟代表着中国男人中一小部分人，不断追求着对自己有利的各种职位。在我看来，他的生活就是推开一道道转门，不断地周旋在瑞吉酒店、丽兹酒店和昆仑酒店之间，与人约会见面（既是为了处理公事，也是为了消闲娱乐）。但是，他以远远超过同时代人的热情扮演着登徒子的角色。他穿着考究，在这一点上，大多数中年男性望尘莫及。尽管头上几乎看不到白发（中国男人不像日本和韩国男人那样在购买面霜和爽肤水上花费巨大，但是他们在染发膏上却毫不吝啬），大多数精英似乎都穿得一模一样，单调乏味。X博士是个例外。他实际上是个花花公子。深冬季节，我见过他身穿蓝白相间的格子便装，俏皮地佩饰着带有红色与黄绿色涡纹图案的丝绸方巾。他喷洒古龙香水，富有幽默感，喜欢在国外旅游。他说，有一次去巴塞罗那旅游后他就喜欢上了西班牙火腿，带回了一整个猪腿和切火腿的专用铁架。他说到西班牙火腿时表现出的热情，甚至超过了我见过的任何一位西班牙人，也胜过把吃西班牙火腿当作一种宗教体验的我的那些伊比利亚半岛亲戚们。

"在这个世界上我想要什么几乎就能得到什么。"他说，刚刚还告诉我还有两个西班牙火腿就要邮到了，"除了妻子。"他说这话时显得有些遗憾，也颇为失望。只有深入了解我们的谈话内容，才能明白为什么。

X博士在20多岁时结过婚，但是婚姻只维持了一年。现在他已经50多岁，看起来他非常想再婚。但是据他自己透露，唯一的问题是他想娶的那种女人都对结婚不感兴趣。"她们有许多追求者，宁愿自由自在地单身，同时从几个男人的追求和财产当中得到好处。她们可以从这种关系当中获得很多实惠。"

我感觉X博士所说的实惠并不是指通常送给情妇的珠宝、

名包、汽车或其他任何礼物，以换取她们陪伴在身边。我正想要求他详加解释时，他抢先一步开口，让我眼界大开，见识了充当情妇的新境界。"这些女人要有的装饰品几乎都有了。她们也有车有房。物质财富已经不是她们想要的了，她们追求的是人脉和资本。"换句话说，她们当情妇是为了扩展人脉。

X博士接着取出手机，亮出了几个女人的照片。他飞快地说出了她们从几个男人那里得到的一系列好处。有一位女人获得了将近100万美元投资，准备推出自己的系列化妆品。另一位女人获得了200万美元，用于成立自己的广告公司。还有一位目前在巴黎做生意，当年利用从情夫那里获得的资金推出了自己的系列时装产品。"当她们不再需要资金的时候，她们就追求人脉。"

X博士披露的情况完全颠覆了我对中国两性问题的预想。按照他的说法，这些女人（此处指情妇）最后都是如愿以偿。她们是精致的投机者，利用男人大捞好处。尽管这一发现使人坐卧不安，我还是禁不住在想：这是否表明中国的两性不平等问题比我原以为的更加严重？X博士描述的各位女人听上去头脑机敏灵活，能力极强。而且从他显示给我的照片来看，那些女人也比她们依附的那些男人漂亮多了。

如果那些女人需要此类男人的"赞助"，因为中国的两性社会地位决定了这是她们唯一出人头地的途径，那又当如何呢？这看上去像是一种激进的理论，但是我也不想立即加以否定。

虽然对于"妇女能顶半边天"的说法一直存有各种争议，我早就认为中国妇女的半边天并不那么阳光明朗。我很清楚，在中国，许多生意都是在饭桌上成交的：先是要喝大量白酒（一些有名的烈性粮食酒），然后再去 KTV 包间唱歌，女人们则充当"陪伴娱乐"的角色。由于这些原因，女人通常并不参加这类活动，除非她们也要娱乐招待别人。

有一位中国媒体人物、女企业家，也是中国女性主义的最坚定代表人物。她曾经对我说，她经常掏钱让一些男员工去陪同潜在客户喝酒，因为她知道拉关系的最佳机会都在下班后出现，但是她本人不便参加。研究中国问题的学者格温多兰·德贝休恩（Gwendoline Debéthune）也对我表达了相同的态度。他的博士论文剖析了中国一些省份存在的如下现象：如果男人（可能是女人的丈夫）不签字，女人就得不到创业所需的小型贷款。把这些事情串联在一起后我就开始琢磨，如果一个女人在创业时缺乏看似必要的男人人脉，要想获得成功是否就特别难？

X 博士接着对我讲述了他不久前在上海参加的一次相亲活动。我对这种活动如何举行只是略知一二。一些手里有闲钱的中国男人，交上几千元钱人民币就可以去约会那些符合男人严格要求的百里挑一的女人。这些要求一般包括比例匀称的身段和白净的皮肤。抱着很高的希望参加完相亲活动后 X 博士说，他很感兴趣的那位女人亲口对他讲，当时她正在和另外 5 位男人谈恋爱。"我并不想同他们当中的任何一位在不远的将来结婚。"那位女人这样直截了当地对他说，这一定使他的精神受到了很大打击。

当我正在苦苦思索着这其中的含义时，对于 X 博士而言，这却是世界上最自然的事情。他认为当情妇在女人的个人生活和职业发展过程中只是很合理的事情。实际上他认为，聪慧、勤劳的女人（换句话说，就是那些我认为最没有可能成为别人情妇的女人）才是最好的，因为她们所受的教育和生活经历使她们更加有事业心。

但是我并不认可他的观点。

"二奶杀手"

魏武军被看成是中国的夏洛克·福尔摩斯，不过他并非戴着一顶猎鹿帽，手里也没有拿着烟斗或放大镜。他最有名的特点就是爱抽中南海牌香烟（老牌的中国香烟），还能够神不知鬼不觉地将全球定位跟踪装置安放在出轨丈夫的汽车底下。魏武军人称"二奶杀手"。这位 60 岁的私人侦探在追踪二奶方面名气极大，前不久在上海电视台公开宣布退休，因此他的私人电话不会再度响起。

"中国的大多数私人侦探都是在跟踪调查二奶的情况。"他对我说道，"我以此为生了 20 年，也赚了不少钱。我最后开的车比一些客户开的车还好。"

魏武军讲述了一个让他难忘的案件。一位生活在广东的台湾商人包养了8个情妇。"那是在1995年，对于台湾人来说，在大陆包养一个情妇是很平常的事情。当时中国的生活费用非常低，你可以每月花费3000元人民币（430美元）包养一个。"

　　一个已经有了妻子和两个女儿的男人为何还要再添上8个女人，我实在不明白。但是魏武军却认为这是平平常常的事情。事实上，我们提到的那位台湾商人（就称他为"野生燕麦"吧）同他的妻子事先已经安排好了。他的妻子不仅同意他搞婚外情，而且还经常同他的情妇们在一起打麻将。

　　当"野生燕麦"决定为他的弟弟（也是家族生意合伙人）找一位"二奶"时，情况变得很不妙。虽然他弟弟的妻子并不反对丈夫有出轨行为，但是她没有生儿子，因此担心丈夫（就称他为"小燕麦"吧）会同这个情妇生出儿子来。

　　于是，她便给魏武军打来了电话。

　　"寻欢作乐的代价很高，但是生孩子的代价更高。"魏武军说道。他进一步解释说，"小燕麦"的妻子并不担心多出一个孩子，而是担心家庭财产受到损失。事实证明，二奶们常用的手段就是为包养自己的男人生个儿子（如果怀的是女孩，则有可能堕胎），因为生养一个男性继承人就意味着她们有权长期获得经济支持，也不用担心有朝一日人老珠黄，无法依靠出卖色相生活。

在中国，非婚生子女的"社会抚养费"很高。未婚父母生育的孩子不被接受，甚至当年也无权上户口。早些年，没有户口，孩子不能上学，不能享受基本的社会服务，甚至也不能申请办理身份证。这些限制刺激催生了假户口黑市。"二奶"和包养他们的男人所生的孩子就是这样取得了合法身份——只要魏武军事先无法进行干预。魏武军承认，在私人侦探职业生涯中他至少有一次参与了直奔产房的急速追踪活动，当时就是为了揭露一个男人与其情妇去医院生子的老底。

魏武军解释说，无法通过生育途径获得经济联系的情妇常常经商。"她们开美容院，或是豪华精品店，这都是她们非常熟悉的领域。"他说道。但是，如果投资不善，或者没有经商头脑，随着她们年老色衰、失去市场价值，很多情妇退休时经济状况大不如从前，自己都很难适应。"她们最后每天只能孤独地生活。"他紧接着又补充道，"我认为最幸福的就是那些最终能够结婚的女人。"

聪明漂亮的女性

即使结婚也是艾薇人生计划的一部分内容，但她并不着急。虽然她只有 27 岁，可她给人的印象却比实际年龄大不少。我第一次见到她时，她手腕上戴着卡地亚手表，小臂上挎着迪奥女包，耳垂上的香奈儿耳环熠熠生辉，身穿收腰的巴宝莉羊绒风衣，脚蹬一双饰有小巧金色蝴蝶结的路易威登漆皮高跟鞋。她简直就是奢侈品的真人秀模特，而且令人吃惊的是，她将所有奢侈品都穿戴得有模有样。

"在许多中国男人眼里，漂亮姑娘只要离开男人的支持就变得毫无用处、完全落败。"她说这话时，我们正坐在离她的公寓不远处的一家小咖啡馆里品尝着香港风味的甜食。我们周围全是皇家气派的紫色丝绒家具，数不清的明亮镜子，还有几盏旋转的枝形吊灯。我觉得这种装饰风格似乎已经成为中国暴发户的身份标志。"精明的姑娘需要漂亮得不让人提防，不被视为很大的威胁，那才叫精明。"她又补充说道。

"要是一个女人既精明，又漂亮呢？"

艾薇断言："那她很可能更吸引男人。"

在同艾薇见面前不久，我从中国媒体上看到的一则新闻报道，该报道披露了上海财经大学一位丁姓学生因开办"二奶中介"被捕的事情。据称，他从中国14所名牌大学中招聘女学生，其中包括北京大学、清华大学和中国人民大学，每年收取服务费40万至60万人民币（相当于6万至9万美元）。作为交易的一部分内容，他甚至还向潜在的客户许诺提供这些女大学生的学习成绩单和英语能力考试证书复印件。这一条新闻使我感到非常惊讶，因为我一直有这样的印象：中国男人回避聪明伶俐的女子。结果，事实证明，他们在找妻子的时候确实如此。但是就情妇而言，正如 X 博士暗示的那样，聪明漂亮的才特别有魅力。

关于这种倾向有一种历史上的解释。近在 20 世纪初的中国，青楼、高等妓院或者其他指定场所具有非常重要的社会意义。男人们可以在那里找到如今所说的情妇。男人是否具有阳刚气质，由他们在那里遇到的官妓来褒贬评说，因为官妓就是品评男人的教养、所属阶层，以及文雅程度的行家里手。甚至还有一些指导手册专门指点嫖客们在同官妓相处时如何表现得行为得体。如果一个男人行为不得体，就会受到羞辱、嘲笑，甚至还有可能被其他嫖客视为"乡巴佬"。

这对于普通妓女来说也是一样。虽然她们的地位低于官妓，但是她们仍是属于社会上的精英女性之列，同贵族、学者、政府官员等类人物接触。除了鱼水之欢以外，她们还以音乐、诗歌、唱曲和舞蹈来愉悦嫖客。中文里的"妓"字，意思就是"表演歌舞的女子"。

在唐朝(618—907)甚至专门设有被称为"教坊"的政府机构，专门对妓女开展音乐、舞蹈、文学、书法、棋艺，以及文雅的饮酒游戏等方面的技能训练。教坊被视为一种音乐机构或高等女子进修学校，在它兴起的时代，女性被普遍剥夺了受教育的机会，从而使得颇具才华的妓女成为男人们躲避无辜普通妻子的向往对象。由于自身的世俗性和特有声望，她们有机参与"贤惠的"女人永远沾不到边的各种场合和谈话；她们的才华与魅力也使她们深得男人和诗人的宠爱。黄原竟（Ginger Huang）在《汉语世界》杂志中指出，在《全唐诗》收录的4.9万首诗歌中，有4 000首诗歌的内容同妓女有关，136首诗歌的作者本身就是妓女。

在当代中国，政治与婚外情的关系仍然错综复杂。一位调查这些腐败案件的警官在接受《每日邮报》采访时说："很多时候，每一个成功的女人背后都有许多坏男人。"

2000年，对中国的腐败案件进行过一次调查。庄思博（John Osburg）在其专著《产生财富：中国新富阶层与精英男性的崛起》（*Engendering Wealth：China's New Rich and the Rise of an Elite Masculinity*）中披露了上诉调查结果：93%的腐败案件同情妇有关，那些被判刑的男性贪官黑幕往往都是由其情妇们在证词中揭发出来的。某位男士曾经说过，"在这个世界上，只有女人的吻能让你难逃厄运。"

回想一下女皇武则天，我们可看到中国当代情妇同古代那些嫔妃小妾们并无多大差别。想当年她们也是尽量利用女色接近高官显贵，以此获得敏感的商业秘密，扩展人脉。尽管这并不能体现出男女地位的平等，但却对于奇特地持续了数百年的体制起到了推波助澜的作用。此外，这种情况还进一步突出了上述女子的重要地位。无论意识到与否，她们通过获得大量财富和影响力，也许对社会中普遍存在的男女不平等现象有所矫正，但与此同时却牺牲了其他女人（即男人妻子）的利益，使得这种不平等进一步加重。

不论好坏，情妇现象在中国文化里根深蒂固。

根据网站 SuXiaoman.com（这是我从已关闭的 Xeixe.com 上了解到的网站）的解释，小三同二奶有很大区别。一般认为，二奶是一些更加自私的情妇，她们勾搭男人的主要目的就是为了得到钱。而对于小三来说，感情则比经济利益更为重要。

根据上述网站的解释：

1. 小三将风流韵事视为真正的感情关系，而二奶只是向钱看。
2. 小三同自己喜欢的男人在一起，而二奶同男人在一起却是她的职业需要。
3. 小三想要听到的话是"我爱你"，而二奶想要听到的话却是"我养你"。

SuXiaoman.com 这家网站总结道：在当今社会，妻子是管钱的人，二奶是要钱的人，小三只是需要爱情的人。

我把这些定义讲给了 X 博士听。X 博士没有反驳上述定义，并且还有所发挥："按着中国文化传统，女人应该嫁给一个受教育程度、社会地位和经济收入都比她强的男人。如今，考虑到中国女人已经取得的所有成就，符合这类单身女人要求的男人并不多见。因此为了满足自己的需要，有些女人就成了情妇。"

虽然我难以想象艾薇由于合格的男人数量匮乏也成了情妇，我仍然决定打探一下。"这并不是个艰难的决定。"她说道，"我不是男人们要娶的那类女人，但事实证明，我是男人们想要有暧昧关系的那类女人。我不想改变自己的本性，只想利用自己的本性。"

她说话的时候，我禁不住在想她同克里斯蒂、张梅和其他我所认识的中国剩女有多少相同之处。艾薇为人机智，雄心勃勃，极为独立（看上去也许并不明显）。"同几个男人相处，使我既有自由，又有资源，可以避免成为他们当中一个人的私有财产。"她很少这样动情地承认道。她的这种想法，使我想起了早些时候，在干完一周特别繁重的工作后，克里斯蒂同我进行的一次谈话："我并不想这样拼命工作，我这样做，是因为我想知道我可以养活自己。"中国的小女孩在成长过程中常能听到这样的说法，"学得好不如嫁得好，"张梅在一次上课时对我解释说，"这是一种愚蠢的想法，也是一种非常危险的生活方式。"

第四章

学历“陷阱”：高学历女性的苦恼

马琼出门同一位中国男人约会。那天她没有穿开襟羊毛衫，也没有戴项链，只穿一件素雅的毛衣，戴一条围巾，将乳沟遮掩了起来。在整个约会过程中，她小心翼翼地让那位男人多说话，自己则表现出对他所说的一切都感兴趣的样子，回话时带着一副惊愕神态。这种做法也确实使对面的男人沾沾自喜，感觉良好。

　　这对于27岁的北京姑娘来说的确有些为难，因为她绝不是一朵正在萎缩的处女紫罗兰。她高中毕业时成绩全班第一，被美国耶鲁大学录取。拿到硕士学位后，她又继续攻读法学博士学位，接着在曼哈顿一家律师事务所短暂工作了一段时间，后来回到北京陪伴父母。她性格活泼，平易近人，思维敏捷，还养成了刨根问底的探究习惯。

　　"你在笑的时候要当心！"有一天晚上，正当琼准备着外出约会时，母亲这样提醒她。虽然没必要遮住牙齿，母亲还是不停地提醒她在男人面前不要露出特别开心的表情，只要微笑就行了。她的父亲是位受人尊敬的学者，对她的婚姻同样操心。父亲说得更极端一些，根本不让她开心大笑，反而鼓励她"要露出蒙娜丽莎般的微笑"。只要她表现出兴高采烈的情绪，就会使潜在的追求者认为她过于自信，老于世故，有魅力，但是不能成为好妻子。

琼的处境生动地体现出具有高等学位的中国女性在选择婚姻伴侣时所遇到的苦难，特别是她们在国外生活或学习期间接触过外国人。回到中国后，琼觉得自己好像过着一种双重生活。她发现自己见过的大多数当地的男人对于随意约会不感兴趣，他们是在找妻子——就是那种一见面就脸红，体贴温柔，能生孩子的妻子。出于对撮合自己的家人和朋友们的尊重，她也配合他们的约会安排。但是在空闲时间里，她就同自己在外面游玩时遇到的西方男人和海归人士约会。与他们一样，琼拥有高学历，见识过外国的约会习俗，在情感方面有着较高期待。所有这一切均使她在仍然讲究得体、实际求婚习俗的中国显得格格不入。她决意不找那种握手后不久就嫁给他，为他生儿育女的丈夫，但是她发现这种婚恋情况在中国很普遍。

"我们希望自己的妻子像酸奶。"坐在我对面的35岁中国投资银行家说道，"像原味酸奶，这样我们就可以随意品味。"

这位男人是我的一位朋友的朋友，非常热心地谈了他自己对剩女的看法。他同琼倒是非常相配。同琼一样，他也是雄心勃勃，受过良好教育，在享有声望的专业领域工作，讲一口流利的英语。他的办公室位于北京中心商务区。当我在他的办公室里坐下来同他谈话时，我认为自己甚至可以充当媒人，把他介绍给我的那些事业有成的女性朋友们。但是结果却发现，他在工作中身边簇拥着不少优秀的单身女性。尽管他也喜欢同她们在一起，但是他根本就无意娶一个在学历或事业上同他平起平坐的单身女性。再说，他已经订婚了。

"我的未婚妻就是原味酸奶。"他在举行婚礼两天前对我这样说，"她不是一个精致的女人，也没有自己的主见。我喜欢他，是因为她容易控制。"紧接着，他离开办公室，搭乘高铁赶回家乡，去参加一次单身汉聚会。我不禁在想，跟他订婚的究竟是个女人，还是一头奶牛。

我并没有对他的观点感到着迷。我在北京的电视新闻领域工作过，5年里也结识了一些好朋友，因此对他的这种观点并不陌生。在中国，大家一般不喜欢有个性、有主见的妻子。因此就形成了这样一种普遍看法：一个中国女人所受教育程度越高，就越难找到生活伴侣。这条公理甚至准确到这种程度：中国的女博士通常被称为"第三性别"，因为很少有男人愿意同她们结婚，甚至学术同行也是这样。据一位已经订婚的知情人透露，高学历女性所受的教育和工资级别，使她们能够达到同男性精英平起平坐的地位，而后者更喜欢容易驾驭的妻子，往往对她们敬而远之。

在男孩被视为更适合接受高等教育，而女孩一过青春期便几乎不接受教育的时代，这都不是个问题。但是在过去 60 年中，情况发生了巨大变化。

在 1949 年，年龄超过 15 岁的中国女性文盲率为 75%。1980 年，上述文盲率下降到 10%，而目前中国女性的文盲率则为全世界最低，这是由于出现在 20 世纪六七十年代期间的第一次大规模扫盲活动。自 1998 年以来，中国用于教育投资的 GDP 增加了两倍，进一步降低了女性文盲率。如今 60% 的高中毕业生进入大学深造，而 30 年前仅为 20%。近 10 年来，中国高等学校的数量增加了一倍多，攻读学位课程的大学生录取率增加了 5 倍。其中大多数是像琼一样的中国女性，她们的高等教育录取率大大超过男性。根据联合国的统计，中国大多数的学士学位拥有者是女性。女性在受教育方面突飞猛进的一个不利之处是，受过良好教育的中国女性正面临着一个危险的窘境。

"不管你干什么，不要动手动脚的！"正当琼出门约会时，母亲对女儿大声喊道。

琼的母亲绝不是矫揉造作的现代版本尼特太太（英国小说《傲慢与偏见》的人物），而是更加讲究实际的约会顾问。她很清楚，因为自己的女儿受过良好教育，对于潜在的雇主很有吸引力，但是对于潜在的追求者却很有威胁。所以，她要尽量使女儿在追求者的眼里显得贤惠一些，别让女儿的自信心和取得的成绩把他们吓住。"你在身体接触上拒绝一个男人后，就需要多多赞扬他。"她这样指点着自己的女儿。

琼意会地点了点头。"当代中国的情况就像是一集巨型《欲望都市》电视剧一样。"她说道。"除了没有萨曼莎那样的风骚女人外，我们的确都有像夏洛特那样讲究实际的传统型母亲。"她继续解释说，中国男人都想娶处女为妻，她参加过的大多数相亲活动没有一点浪漫情调。"就像商务会议一样。"她评论道，"第一次约会就常常说到婚姻问题，在身体接触上必须慎之又慎。大家只是频频点头，绝对没有接吻拥抱这种事情。"

母亲突然对她的约会活动表现得积极起来，这让琼感到很意外。琼的父母曾经禁止她在上大学最后一年之前同异性交往（就像许多中国家长要求的一样）。我知道这听上去非常矛盾，因为大多数家长都期望自己的女儿大学一毕业就结婚，同时又希望她们成为针对当代中国年轻女性的扭曲标准下很受欢迎的人物。作为独生女，琼是家中的掌上明珠。父母深知中国的就业市场竞争激烈，他们要为女儿提供一切成功的机会，让她光耀门庭。同时他们也知道，如果女儿过于成功，名气过大，极有可能找不到对象，他们将来也无法抱到外孙。因此，他们急于让女儿赶紧结婚。

琼被当作一栋正在燃烧的建筑物，火焰冲天，情况紧急，而熊熊的火焰就是一天不如一天的姿色、日益衰退的生育能力，以及在婚姻市场上急剧降低的价值。琼并不后悔自己在教育方面投入的精力。她刚刚在北京获得 MBA 学位，正打算去美国攻读博士。她爱好学习，有强烈的求知欲望，因此思维敏捷，具有超凡魅力，足智多谋。当我们谈到她拥有的不同学位时，她明确表示，以前作为一个年轻姑娘没有认识到，在学习上的追求会影响到她的爱情前景。"但是关键问题在于，为了在工作上同男人们开展竞争，我们都需要拥有高级学位，但是新的现实情况是，以后在谈婚论嫁方面拥有高级学位可能会对我们一些人带来麻烦。"她说道。

　　对于一个仍然处在发展转型阵痛期的国家而言，中国拥有的优秀女性数量值得称赞，但是并不完全令人惊讶。值得注意的是，从 1975 年至 2006 年，在美国至少拥有一种四年制大学学位的女性数量几乎增加了一倍，从 18.6% 上升到 34.2%，但是男性只增加了一个百分点，从 26.8% 上升到 27.9%。如今美国 60% 以上的女性拥有四年制大学学位，其中 60% 以上拥有硕士学位，50% 以上拥有博士学位。在 120 个国家中，包括伊朗、委内瑞拉、菲律宾、吉尔吉斯斯坦、以色列、巴西、白俄罗斯、亚美尼亚、牙买加、巴拿马、古巴、意大利、匈牙利和德国在内的 67 个国家的女性，在教育方面都经历了类似的快速发展阶段，目前获得的大学学位的人数超过男性。

根据巴塞罗那人口研究中心艾伯特·艾斯特韦（Albert Esteve）、琼·加西亚-罗曼（Joan García-Roman）和伊纳基·珀曼耶尔（Iñaki Permanyer）3位人口学家的研究，我们可以得知女性在教育方面所取得的进步对全世界的婚姻格局产生了直接影响。这3位人口学家在研究项目《上嫁婚姻的终结》（*The End of Hypergamy*）中认为，随着各国朝着两性教育平等方向发展，上嫁婚姻的流行格局就会萎缩。换句话说，随着越来越多的女性接受高等教育，原来那种女人必须嫁给一个学历更高的男人的古老观念就会削弱。

为了检验自己的理论，他们积累了涉及56个国家，时间跨度从1968年延伸至2009年的婚姻与教育有关数据。根据这些数据，他们能够表明全世界同学历有关的上嫁婚姻现象不断减少。例如从1970年至1975年，女性上嫁现象多于女性下嫁现象。但是到了2000年，形势发生了很大变化。在他们掌握有关数据的51个国家中，有21个国家的大多数女性嫁给了学历较低的丈夫，其中包括美国、法国、约旦、蒙古、斯洛文尼亚和南非等国情各异的国家。

上述人口学家们得出结论，尽管受教育程度已经赶超男性，高学历女性在婚姻市场上并没有受到冷遇。相反，他们的研究表明，随着女性所受教育程度的提高，男性想要娶"原味酸奶"

型女性为妻的趋势几乎同时呈现出下降趋势。

虽然上述结论对全世界高学历女性的婚姻前景有利，这些人口学家们仍然清楚地认识到还有一些明显的例外情况，即便把不同的经济与教育发展时间线考虑进来，仍然如此。碰巧，中国的现状（作为一个严重家长式社会）便是其中的一个例外情况。

似乎是社会工程出了问题，随着戴过学位帽的中国女性越来越多，她们的婚姻前景却日益暗淡。这看起来不公平，但是更为重要的是，真实的情况和原因是什么？难道中国男性天生就讨厌受过良好教育的妻子吗？受过良好教育的征婚女性年龄较大（因为她们把时间都用在了学习和工作上），这一点是否在婚姻市场上对她们非常不利？

我所有的问题都在英属哥伦比亚大学社会学助理教授钱岳那里找到了答案。我和她见面时，她还在俄亥俄州立大学攻读博士学位。有一次在钱岳回国探亲期间，我在中国人民大学校园里的一处僻静咖啡馆里见到了她。中国人民大学同清华大学和北京大学一样，也是招收一流学生的名牌大学。钱岳面带稚气，留着黑色长发，额前垂着一排柔软的新月形刘海。她的微笑和活力使人不禁想起美少女战士，她讲话的声音和镇静的神态又使她具有一种崭露头角的学者风范。

我们一坐下来，她就说起她博士论文的研究内容，给我讲述了各种对数线性研究模式。她曾经利用这些研究模式非常谨慎地探讨过中国女性婚姻前景的最大抑制因素。

"一般来说，29 岁以下的中国女性结婚的比率远高于同龄中国男性。"她解释说，"这种情况在其他所有受教育程度上的女性都成立，只是受过大学教育以上的中国女性除外。她们在找对象方面面临着较大困难，因为她们所受的教育被视为同强烈的事业心有关系，与贤妻良母的角色有冲突。"钱岳指出，29 岁以下受过大学以上教育的中国女性在找对象时处于明显不利地位；一到 30 岁，她们的不利处境则急剧恶化。

一过 30 岁，不仅受过大学教育的女性在找对象方面面临着更加复杂的局面，而且所有中国女性，无论受教育程度如何，均面临着同样窘境。换句话说，一到 30 岁生日那天，中国女人似乎就失去了展示自我的机会，立即失去了零售价值。如果再加上几个研究生学位，基本上就得清场出局了。

中国男性并没有遇到这种情况。当他们快要接近 30 岁时，可以说渐入佳境，春风得意。年龄在 30 岁至 49 岁之间，拥有职业教育学历或更高学历的男性，婚姻前景更加光明。那些受过大学教育的男性更是如此——随着年龄增加，他们似乎全都变成了钻石王老五，喜结良缘的机会是同等条件女性的四倍。从根本上说，钱岳的研究表明，受过高等教育的男性即使将婚姻推迟到 30 多岁，他们也有着好得多的婚姻前景。对于受过高等教育的女性来说，情况恰恰相反：一步走错，步步走错。

婚姻是钱岳的学术研究领域，然而使母亲感到沮丧的是，这却不是钱岳很快从个人角度加以熟悉的领域。她的母亲居住在武汉市，一个拥有 1000 多万人口的中国城市。

钱岳说她母亲"很爱交际"，甚至承认她是一位很有名的媒人。事实上，她的母亲曾经为一个朋友家的女儿介绍了一位拥有全部最受追捧条件的男朋友——身材高大，英俊帅气，受过良好教育，出身当地名门。但是在同这位年轻的钻石王老五见面之前，朋友家的女儿对相亲安排满腹狐疑。于是就问钱岳的母亲："既然他的条件这么好，为什么不介绍给你的女儿？"钱岳的母亲听到这话非常生气。这也说明，她在女儿的婚姻安排上感到多么无能为力。

"她已经学会承认我与众不同了。"钱岳解释说。她所说的"与众不同"，是指她生活在世界的另一边，因此在地理区域上同家乡的任何人都不一样，另外她寻找生活伴侣的条件（当她开始认真考虑生活中的这个问题时）也可能"与众不同"。

到她取得博士学位时，钱岳已经在美国度过了 8 年的生活与学习时光。根据她的硕士论文研究内容，这表明当她在中国找对象时将会处于红色危险区。要想在家乡武汉找对象（父母希望在独生女儿身边度过黄金岁月），难度就更大了。虽然武汉是一个大城市，但是同北京和上海相比，却显得颇为传统。

当地居民往往结婚较早，没有给钱岳留下什么理想的选择余地。

当我问钱岳能否同美国人结婚时，她的反应百感交集："我并不非常熟悉美国文化的各种微妙之处，我想还有太多的固有差异需要进一步了解。"

随着我们交谈的深入，钱岳与大多数女同胞截然不同的最后一个方面终于显露出来。她列举了有关发展中经济体的研究成果，讲述了在中国和印度这样的国家里女性为何更有可能成为工程师或者学习信息技术。这并不总是因为她们比世界其他地方的女性更喜欢数学或计算机科学，而是因为这些领域更加赚钱，能够提供更加稳定的就业机会。

"她们的学习动机是外在的。"钱岳解释说，她认为一些外在因素（有可能是来自父母的压力）指导着她们选择职业。这与钱岳那样的女性截然不同，因为她们的教育追求是内在的（由自己决定），在许多情况下甚至违背父母对她们提出的学习要求。

表面上，所有这些听起来还有自相矛盾的意味。中国父母怎么可以一方面督促自己的女儿在学校好好学习，让她们进入就业机会多、薪水也高的领域；另一方面却不鼓励她们学习、工作太优秀，以免找不到对象呢？

中国科学院计算技术研究所的徐志伟非常熟悉这种自相矛盾的情况。作为一名资深教授和博士生导师，他要为中国培养一流的计算机科学家。这个工作责任还包括过问学生们的婚事。

他说："每一位博士生招来之后，我都要努力同他们的父母见面，女博士生的父母不止一次表示担心他们的女儿找不到对象，生怕女儿在完成博士后学业时年龄过大，结不成婚，或者学历太高、太吓人，不适合做妻子。"徐志伟自己的女儿徐晓萌（音译）现在已经幸福地结婚了，在美国爱达荷大学任助理教授。他经常非常镇定地安慰那些神经过敏的学生父母。

"他好像是个媒人。"徐志伟的博士后研究生——已经喜结良缘的肖丽娟这样说道。肖丽娟不久前在 34 岁时生下一个婴儿，现在已经重返英特尔公司的工作岗位。她的丈夫以前和他是同班同学。虽然徐志伟不是她的婚姻介绍人，但是她承认徐志伟非常关心学生的爱情生活。

肖丽娟还记得，徐志伟教授总是设法组织午饭或晚饭聚餐，使不同年龄的学生可以相互结识交谈。与学生们比较熟悉之后，他就询问学生的个人生活情况，经常要求学生彼此介绍朋友，或者想一想有没有可以相处融洽的其他人士。"这是他们的重要生活内容。"有一次他在摆着丰盛糕点的餐桌旁这样说道。

在我了解到肖丽娟同丈夫相遇的更多细节之后，我认识到她与克里斯蒂、琼和张梅等人不同，完全不知道成为剩女是什么感觉，因为她同丈夫在学校相识，一毕业就结婚了。"我的机会还是比较多，我读研究生时男生与女生的比例大约是 6 : 1。

因此男生实际上在找对象方面感到更加紧张不安。"她说道。她承认自己幸运地在学校就遇到了自己的丈夫，因为她觉得，一旦走向工作岗位，情况会变得完全不同。她的同事多数是男生，但大部分已经结婚。日常工作的压力对于婚姻几乎没有任何帮助。

这次谈话又使我想起了同钱岳有过的交流过程。这位聪明年轻学者的研究领域（社会学）恰巧多数是女性，我思索着她如何违背父母的意愿进入到了这个研究领域。而肖丽娟选择学习计算机是因为在她报考大学时，计算机是最热门的领域之一。事实证明，肖丽娟喜欢自己的工作，并且非常擅长这种工作。钱岳的研究表明，肖丽娟的博士后经历也并没有影响到她结婚——她在 30 岁以前就完成结婚这件事了。不过我仍然禁不住想，对于那些在校园里没有许多约会选择的中国女性来说，她们的处境又是怎样的呢？

会撒娇的女性

琼不但没有因为合适的男人数量有限而感到懊恼，反而决意要积极主动，灵活处事。实际上，她能够在"中国姑娘"与"拥有美国常春藤联盟名校学位的海归中国姑娘"两种身份之间灵活转换，这令人惊叹不已。她坚持认为，如果想要在中国相亲，除了绝对有必要不把自己的学历当回事外，还要不断提高古老的撒娇艺术技能，这样才不会吃亏，左右逢源。

2012 年 3 月期《心理学》杂志（中文版）上刊登的一篇文章认为，撒娇是每个中国女人在相亲约会时必不可少的交际手段。“会撒娇的女人才懂得如何让男人高兴。”文章这样写道。尽管这听上去似乎不大可能，但是由于撒娇基本上就是噘嘴、低声哭泣和跺脚等一系列小动作，所以撒娇显然也是一种屡试不爽的、古老的有效手段，这种方式能使中国男人感觉自己有人疼爱、有人需要，觉得自己风度翩翩、颇有男子汉气概。在北京出版的英文杂志《汉语世界》上有一篇探讨撒娇的文章进一步写道：“尤其是对于工作能力强的职业女性来说，撒娇是一种不可缺少的手段，能使她们在男友面前既不显得过于独立，又不显得过于自信。撒娇能让一个女人显得温柔，有女人味，不会显得生硬强势，而生硬强势的特点则有悖于传统的女性形象。通过迎合男人的自尊心，女人可以完成近乎不可能的事情：让她的男人感觉像个男子汉。”

撒娇这个概念在大多数美国女性听起来也许不合情理，然而只要浏览一下 21 世纪 50 年代和 60 年代在美国出版的妇女杂志，有关情况就会一目了然。“千万注意！不能看上去比你的男人更精明。”20 世纪 40 年代出版的一本生活指南中这样写道，“几乎一样精明是一回事，但是更加精明，或者看上去更加精明则是另一回事——这是禁忌。"《从前廊到后座: 20 世纪美国求婚习俗》（*From Front Porch to Back Seat : Courtship in Twentieth- Century America*）一书的作者贝斯·贝利（Beth Bailey）指出，当时大多数生活指南类的书籍告诫读者不要"装聋作哑"，但仍然明确表示，无论在何等程度上体现出智力上的优势，均会"伤害男人的自尊心"。为了取得适度的平衡效果，人际关系专家鼓励聪明的女人嫁给更加聪明的丈夫，不过应该注意不要处处表现得聪明。"他会知道这只是一种姿态。但是你很快就会成为受到呵护怜爱的小女人，喜结良缘。"有一篇文章这样安慰道。

正如贝利所写的那样，20 世纪 20 年代，美国女性拿约会开玩笑。不少女大学生将潜在的追求者分成如下几类："A"代表"世故型男士"，"B"代表"合格的绅士"，"C"代表"还说得过去"，"D"代表"半傻不精"，"E"代表"古怪的人"。当时有许多女人自己透露，她们拒绝同一个男士约会的原因就是他不能开车带自己去中意的苏打水店（当时福特 T 型小汽车还很时髦，驱车来往于苏打水店之间是约会中一项重要的活动）。仅仅过了 20 年，美国女性在讨价还价的约会关系中就落得下风，变得轻声低语，为了留住男人不惜压低自己的聪明智慧。这是为什么呢？

贝利解释说，从 20 世纪 30 年代开始，由于受第二次世界大战的影响，美国（还有欧洲）适合结婚的男人数量大为减少。到 1943 年，共有 16 354 000 名男人，即几乎年龄在 18 岁至 26 岁之间的每一个身体健康的男人都被送上了战场。1945 年刊登在《纽约时报》上的一篇文章解释说，由于战争损失造成的结果，75 万美国女性将无法结婚（心理学家们认为，这会使她们变得神经过敏，灰心丧气，精神错乱）。《好管家》（*Good Housekeeping*）杂志闻风而动，刊发了一张新娘和新郎在教堂台阶上拍摄的照片，并配有一个非常醒目的标题："她找到了丈夫，但是还有 600 到 800 万女人找不到丈夫。我们还缺 100 万单身汉！"文章提醒读者，1/7 的女孩将来只能独身生活，并且发出警告："如果不当心的话，可能就是你。"

贝利说，当时的书架上摆满了《拿下你的男人，留住他》（*Win Your Man and Keep Him*）一类的书籍，并列举了 1943 年《好管家》杂志上刊登的一篇文章提出的新的分类方法。那篇文章的题目是《有人在追求你的男人》（*Somebody's After Your Man*），将那些随时可能偷男人的无情女猎手和绑架者分为四大类：荡妇、朋友、忧郁的大眼女郎，以及那些扭捏作态、拉扯旋动男人衬衣纽扣，迷惑男人心的臭名昭著的女人。

由于男人名列战争稀缺资源榜榜首，贝利写道，美国杂志《时尚先生》（*Esquire*）的一位无耻记者甚至建议一夫多妻合法化，以解决"美国剩女"问题。贝利说，那些从战场上回来、面对着大量剩女的士兵，非但没有希望成为一夫多妻盛宴上的嘉宾，反而受到了冷落。他们出国作战时看到了"铆工罗琦"（Rosie the Riveter）和其他妇女顶替了他们曾经的工作，而且干得相当出色。他们回到家乡后仍然能够感受到大萧条带来的不利影响，比以往任何时候都无法确定自己是否有能力扮演养家糊口的户主角色。

正在此时，女人们携带着满满的"美丽毒药"闯了进来，让男人们有了美好的感觉。1946 年，杂志《妇女居家良友》（*Women's Home Companion*）在一次调查中问道：你对男人有多大的女人魅力？这次调查的目的就是让女人打消埋藏在心中的不涂指甲的愿望，也让她们放弃同绅士们讨论商业事务和世界大事的念头。贝利认为，总的来说，女人们还是表示赞同，因为另一种结局——找不到男人，更不可取。这样一来，男人们在求婚相亲的过程中便占据了上风，能够让女人们变得服服帖帖，而且可以随时放弃那些没有女人味的女人。

让我们接着原来的话题再谈一谈。中国最近没有战事。如前所述，由于受到独生子女政策以及女性堕胎、杀婴行为的影响，中国达到结婚年龄的男人比女人多 3000 万。那么，女人何苦还要委屈自己呢？

撒娇的现实意义

胡邓教授在中国人民大学讲授情感心理学课程。评比结果显示，他是校园里最受欢迎的教授之一。这在很大程度上是因为他讲授的课程能使 20 多岁的大学生们在他们渴望掌握的一个知识领域——浪漫关系方面增长智慧。在他的课堂上，经常挤满了无法正式选修的学生。在讲课时，他会放映一些解说罗伯特·斯滕伯格（Robert Sternberg）提出的爱情三角理论的幻灯片。这一理论认为，爱情由三个要素构成：激情、亲密和承诺。斯滕伯格认为，任何一种爱情关系都无法平分秋色地包含着这三个要素。胡教授在对学生讲解斯滕伯格的这一观点时强调，从传统上看，在中国大多数爱情观侧重于承诺，缺乏激情与亲密。他提到在 20 世纪六七十年代，许多士兵的婚姻都同政治挂钩，这种安排使他们出于一种责任感对彼此负责，不一定同情欲或情感有关。胡教授还以卖座大片《宿醉》（*The Hangover*）为例，讲解侧重激情，但缺乏亲密和承诺的爱情关系。一个人可以私奔到拉斯维加斯，第二天早晨就离婚。这一发现也把有些学生给迷住了。

同中国人民大学的大多数教授相比，胡教授的观点非常进步。他毫无顾忌地谈到了在中国变革时期着眼于实利的婚姻，并警告学生：他们的父母和祖父母为他们挑选的婚姻伴侣很少能使他们生活幸福。他向学生们介绍其他一些婚姻模式，向他们讲述了一对中国夫妇先有两个非婚生孩子，最后终于结婚的生活经历。胡教授说，婚姻中的某些情况破坏了这对夫妇的关系，但是在离婚后，他们又作为夫妇幸福地生活在一起。在中国几乎每个省份拥有非婚子女都是违法的，而且未婚妈妈要缴付的"社会抚养费"有时相当于其年薪的6倍。在这种情况下，胡教授敢举出上述实例，想必其思想是非常开放的。但是在撒娇问题上，胡教授则表现出不同的态度。

我们在他的办公室里见了面。那是位于校园北面的一个非常简朴的房间。他的学生助手从走廊一个嘶嘶作响的大型加热饮水机（每个中国大学都配备）中给我取来了一杯滚烫的热水。

"如果一个中国女人不会撒娇，就不可能找到男朋友。"胡教授说道。我目不转睛地看着他，还以为他这是在吓唬人，但我很快意识到他的态度是非常严肃的。

他解释说，中国人口众多，竞争激烈，所以男人越来越难以改变自己的命运。在1949年以前，生活还比较容易一些，当时一个男人出生的身份地位在很大程度上决定了今后的生活境况。但是随着共产主义同资本主义因素开始融合，男人面临着更大的出人头地的压力。但问题是，新的机会并没有像新的压力那样大，这使得许多男人感到茫然，而且无能为力。如果一个女人能够趁机介入，巧妙地使男人感到得到尊重，有人需要，被高看一眼，她就能够满足男人无法从工作或社会中得到的成就感。胡教授认为，这样撒娇便成了矫正中国社会制度内部的缺陷、不公平和不平等问题的一种解决措施，甚至成为确保社会稳定的一种手段。

我把胡教授的观点对琼作了解释。虽然琼一心要为国家的稳定做出自己的贡献，但她还是未能掌握撒娇作态、笼络男人心的技巧。"周末我同高中时的一些老朋友聚会时，他们都说，我之所以没有男朋友是因为我不会撒娇。"琼这样对我说道。

我在北京的大街上见过许多令人吃惊的撒娇情景——中国女子对着男朋友哭哭啼啼，就像汽车尾灯一样司空见惯。以前我从未意识到那是故意做给别人看的。更重要的是，我极力想象着琼也会施展同样的手段。琼在网上看过一些教女人如何一路撒娇，只为前往自己喜欢的餐厅就餐的视频内容（没错，网上确实有这类教学视频）。然后她就在我身上借机检验所学技巧。对于她的表现，我得实话实说：她看上去就像是一个患有消化不良症的马戏团小笨熊。在她笨笨地表演过几招之后，我总算明白了：她天生就装不出恭顺谄媚的样子。既然撒娇对她不灵，不妨试一试跟随北京最有魅力的女人学几天勾引术。这听上去更有希望。

讨教本领

我在离艾薇住处不远的一家高档川菜馆吃饭，希望借机把琼和艾薇两个位女士相互介绍一下（在离艾薇家不远处见面最容易，因为她总是介意在哪里露面）。琼和我刚一到达，就发现艾薇坐在一个角落的餐桌旁，头顶上烟雾缭绕。我们刚刚坐下，一位男服务员就走了过来，很有礼貌——几乎以谄媚奉承的语气，请求艾薇灭掉香烟。艾薇冷淡地回话说天色已晚，她认识老板，而且周围又没有别的顾客，我们没有打扰任何人。她挥手让服务员走开了。几秒钟后，她又把服务员召回，让他找一个烟灰缸（她此前一直把香烟掐灭在一碗香米饭里）。服务员看上去吓坏了，赶紧照办，就连他的蝶形领结末端似乎也以立正姿势竖了起来。

紧接着，她便笑脸盈盈地转向琼和我。随即我们就开始了交谈。我们了解到，艾薇是一位中国公务员和内蒙古舞蹈演员的女儿，难怪她具有一种非传统的美。她的眼睛比多数中国女性都大，长着一张比较明显的瓜子脸。头发收束在耳朵下面松散的发卷里，有些像玛丽莲·梦露的头发，只是颜色很黑，几乎呈紫色。我意识到她周身散发着一种魅力，甚至颇有些神秘感。她似乎能够随心表现出天真无邪的样子，从一个苛刻的女主顾变成一位很有魅力的健谈者。假如她是一只猫，也肯定是一只暹罗猫。

我们还了解到，她爱好赌博。仅在今年，她玩扑克牌就输掉了 5 万美元，但是并没有因此就远离赌桌。我怀疑有些赌博活动可能同她白天的工作有关。在过去 10 个月里，她至少去过两次拉斯维加斯。"不过我喜欢做的事情是打麻将。"她解释说，满脸天真无邪的样子（不妨想象一下：一些老奶奶们兴高采烈地摆上麻将牌，开展一番智斗的情景）。

看着琼和艾薇两人相互交流，非常引人入胜。虽然我们安排见面的目的主要是为了让琼向艾薇讨教同男人周旋的本领，但没想到，当晚的局面却出现了令人意外的情况。琼在聚精会神地听着，同时被艾薇的个人魅力、挥洒自如的风采和勾魂摄魄的本领深深吸引住了。我觉得艾薇对琼也是慷慨大方、倾囊相授，因为她也确实被琼深深地吸引住了。

在见到艾薇之前，琼一直在同男士约会方面苦苦挣扎。在母亲的执意要求下，她同意约会过几次，可是却找不到彬彬有礼的办法同她已经亲自见过面的一位男士逐渐减少接触。她的母亲以前代替她和那位男士在一个约会地点聊过天。那位男士是中尉军官，35 岁左右，事业顺利，但是有一点古板守旧，极易情绪激动。琼同他约会过几次，但是热情却依次递减。"我觉得我不断同他见面，就是为了找一个让母亲能够接受的借口，不再同他见面。"琼解释说。

"我不能说他没有魅力，妈妈只会说这在 10 年内无关紧要。"琼说道，"我也不能说没有爱慕之情，或者我不喜欢他，妈妈只会说我肤浅。在她的眼里，所有的问题都会随着时间而消失。"

后来又经过四次约会，琼才找到了一个都够被目前所接受的具体借口：与她约会的那位男士不爱交际，属于那种被动攻击型的人！

"有的人表面上极力装出一副和气友好的样子，但是你能看得出他们是在生气，这种情况你知道吧？"她问道，"因为我真的不喜欢这个男人，所以在约会时，我会开始故意迟到一点。他极力掩饰自己的不满，最终却以很奇怪的方式发了火。他开始询问我的职业，我的工作要求，并问我是否打算减少工作量。我对他说不想这样做。然后他又问我们是否可以彼此多发些短信，以建立更密切的关系。我也对他说这样做有困难，因为我很忙。接着他的眼睛开始抽搐。他有些咄咄逼人地责备我工作时间太长，告诉我这样做会使我变得不那么温柔，缺少女人味。后来他又非常客气地请我去看电影。"琼把这些情况都对母亲说了以后发现，她还是不肯罢休。"他一心想留个好印象。"母亲解释道，"他千方百计掩饰自己的真实感情，这很正常。"

艾薇认为，琼的主要问题是她不是一个"花瓶"。大多数中国男人都希望自己的女人成为花瓶。琼很漂亮，但是她也非常开朗自信，男人并不总是欣赏她这种做派。艾薇继续进行全面分析，在分析过程中，艾薇认为，琼从小就是一名非常出色的学生，有可能只有以研究的方式学习掌握新技能才会感到得心应手。但是同男人打交道时，这样做却不是最灵验的。

作为授课即将结束的一种表示，艾薇讲述了她最近与一位房地产大亨幽会时的一些不堪入耳的细节。她停顿了一会儿，又接着解释说，尽管她的服务得到了慷慨补偿，她也感到非常疲惫。"我很快就要退休了。"她说道，使我们大吃一惊。"我要在春天找一个丈夫。"她补充道。她所说的退休，实际上就是准备结婚。

艾薇接着解释说，她已经明智地为未来的生活进行了投资，因为她知道自己作为情妇的市场价值会随着年龄的增长不断下跌。实际上，她的生活并没有完全依赖当情妇的收入。就在她成为情妇的时候，她已经在从事着影视发行工作，如今她还干着这一行。她经常出席明星云集的电影首映式，为业内大佬充当生意经纪人。就这样，她开始进入了一个与她一出生就接触的那些人截然不同的社交圈。随着她所得的佣金滚滚而来，再加上最初同几位有钱而且常常是已婚男人的婚外情收入，她终于能够信心满满地开展业务了。在一个外表长相就意味着一切的行业里，她突然之间可以修饰打扮自己了，非常在行地配备各种名牌女包，最终还购买了一辆闪闪发光的保时捷卡雷拉豪车。既然她已经为自己和父母（她对父母一向很慷慨）挣得了非常富足的生活，现在也应该考虑终身大事了。

"你将来会为丈夫的忠诚担心吗？"向来喜欢刨根问底的学生琼问道。

"他会欺骗我，有地位的男人总会这样做。关键是要找一个非常精明，不让你知道底细的丈夫。以我的经验，坏男人会愚弄你一次，好男人则会永远愚弄你。"艾薇说道。

那时，仅凭我对中国婚姻的了解情况，我无法断定艾薇的看法是极为悲哀，还是极为明智。对于她来说，不忠诚是婚姻中在所难免的事情。在当了这么多年的情妇之后，艾薇将来也准备对丈夫不可避免的轻浮行为视而不见。也许这是她对自己越轨行为实施的一种惩罚，一种业报。无论如何，琼对于这种做法并不认可。

"我想我并不接受这种做法。"琼态度坚定地说道。

"在婚姻方面，我们都有自己的各种条件、标准、要求和责任。"艾薇以其典型的镇静自若的方式回答道，"你只需要清楚地了解自己最重视哪些方面，然后做出相应的重点安排。"

"如果你感兴趣的人不符合任何条件或要求，那该怎么办？"琼问道。

"嗯，那就是爱情。"艾薇回答道，左眼里闪动着一种知情者的光彩。

还没等琼提出另外一个问题，艾薇拎起小提包，咔嗒一声推开大门，直奔自己的保时捷豪车，随后飞快地驶进茫茫夜色中。

在艾薇的汽车灯光消失了很长时间后，琼和我仍然在咖啡馆外面交谈着。我可以看得出来，琼显得非常愤怒，正在琢磨着自己刚刚了解到的所有情况。因为她自己没有车，所以我主动提出让她坐上我的那辆热橙色电动小轮摩托车（是一家中国厂商仿造意大利的 Vespa 摩托车生产的产品）。虽然这辆摩托车看起来挺可爱，但是在没有充满电时，它的动力只相当于中等的篱笆修剪器（当天晚上就是这种情况）。所以摩托车刚一启动，并不会立刻轰鸣着疾驰而去。当我们最后逐渐加快速度，顶着冷风一路行进时（当时是 3 月初，来自西伯利亚的北风非常强劲），我们都禁不住放声大笑起来。"二奶开着豪车飞速地回家了。两个拥有研究生学位的呆子坐着电动摩托，冒着刺骨寒风，一路颠簸着往家赶。"琼这样自嘲地说道，仍然大笑着，那音量要是被她母亲知道了是绝对不允许的，"读耶鲁大学也不过如此吧！"

第五章

——

观念冲突：社会风气的开放

6月21日，晚上7:47，用户"雪花"在对话框输入如下文字：

"我认为你就是我一直在寻找的另一半。我想向你学习，受到你的勇气鼓励；同你在一起工作，帮助你，让我们的一起融化吧。我想充当你的左膀右臂。你已经深深地打动了我。我的梦想就是和你组成家庭，幸福地生活在一起。"

略微等待之后，她又继续输入文字，但是没有收到回复。

"即使我们相距很远，我也相信我们长辈们的智慧。通过父母的介绍同你相识，我被你给迷住了。我们的未来拨动着他们的心弦。我认为我们应该满足他们的心愿，相守在一起。我们都来自同一个地区，我们的性格和习俗相似。因此，我们可以幸福地共同履行我们的义务。我不知道你对这一切有何感想，但是我在急切地等待着你的回答。"

3 小时 5 分钟 27 秒后，用户"凤凰凤凰"回复了：

"我认为这有点过分，因为我们从没见过面。我理解你父母的期待，我也能够理解时间对于女人有不同的意义。但是我希望你能够认识到：走向婚姻的爱情一定是自然而然地产生的。"

"雪花"是克里斯蒂的腾讯账号。腾讯（QQ）是一种即时通讯平台，相当于美国在线 Aol Messenger。"凤凰凤凰"是一位生活在美国的男士的腾讯账号，克里斯蒂从没见过他，只是从自己的父母那里得到了他的联系方式。这两个未婚青年的家人多次非常仔细地查看了他们的婚配条件——从教育背景一直到星座和血型，然后断定他们是天设地造恋人。此后，克里斯蒂就在母亲的要求下开始同那位男士在网上聊天。

起初，他们的聊天并没有多大收获，因为毕竟是分别生活在地球两边的陌生人，只是在家人的强迫下才开始在网上聊天。由于两人之间没有互相吸引的情感关系，所以克里斯蒂渐渐地减少了聊天次数。正是在此时，她的母亲绞尽脑汁决心最后一搏，要让女儿嫁给那位拥有美国绿卡的富裕男士。于是她便冒用克里斯蒂的账号，给那位男士发送了前面引用的那些充满甜言蜜语的信息。

过了 3 个星期，克里斯蒂发现了这件事，非常生气。她立即给"凤凰凤凰"发信息表示道歉。但是当她正要联系母亲，希望让她知道自己对网上的胡闹行为抱着怎样的态度时，她发现母亲正在拜访"凤凰凤凰"的父母，还代表自己的女儿给她们邮寄了一盒水果蜜饯。

"这就是鸡同鸭讲，我们的见解立场完全不同。"她说道，"他们就是系统里不会转动的齿轮。"

理解下面这一点非常重要：同克里斯蒂的母亲一样，子女已经到了结婚年龄的父母们在 20 世纪六七十年代还都是刚刚步入成年期的年轻人。当时浪漫被斥责为资产阶级情调，是一个自私可耻的结婚理由。正如人们期待的那样，他们满怀激情投身于各种运动，被卷入到轰轰烈烈的新闻宣传和无产阶级大爱当中，到后来却变成了"国家建设机器上没有思想、没有感情的零件"。他们压抑着自己的情感需要和精神需要，从而极大地扭曲了他们的价值观。如今他们年纪大了，对于理想的社会理念感到失望，再也不相信口号了。因此，他们将全部希望寄托在金钱、财产、地位，以及其他明显的稳定资源上，因为在他们以往的生活经历中并没有这些东西。他们在为获得舒适的物质生活而努力奋斗的同时，将自己的心愿倾注在子女身上，常常不考虑子女们的情感需要。

例如，克里斯蒂和她的同事，与她们的母亲们不同，她们一般都受过足够的教育，经济上独立。所以金钱，或者金钱带来的稳定生活已不再是这一代人结婚的主要动机。她们更加自立，更加坚定自己的个性，在这一点上母亲们只能望其项背，根本无法相比。她们在找对象方面也有不同的侧重点，不想出于社会责任感或物质需要去结婚。她们要同自己爱的人结婚，而不是仅仅找一个养家糊口、在一起结婚生子过日子的人。对于中国这个世界上最古老的文明社会来说，这个概念无疑是崭新的。

当爱情与婚姻相遇

专门研究婚姻历史的学者斯蒂芬妮·孔茨（Stephanie Coontz）指出："直到18世纪末期，全世界大多数社会仍将婚姻看作是非常重要的一种经济与政治制度，完全由有关当事人自由选择，特别是当他们要将自己的决定建立在像爱情这样不理智又短暂的事物上的时候。"换句话说，在过去300年间，浪漫婚姻还是一种比较新鲜的事物。从文艺复兴时期的威尼斯到殖民时代的墨西哥，婚姻首先是一种契约：一种几乎就像汽车租赁那样的协议。它是一种由集体决定的社会组织制度，通过它，财富、资源、地位和阶级身份可以代代相传。

孔茨认为，有两个巨大的社会变化促成了婚姻规范的发展。一是雇佣劳动的普及，使年轻人不再像以前那样依赖父母；二是市场经济带来的各种自由，使社会关系建立在理性和公正的基础上，而不是建立在强制力量的基础上。这两个因素的结合，使婚姻制度从基本的工作、政治与社会义务单位变成了逃避工作、政治和社会义务的避难所。结果，建立在爱情基础上的婚姻理想—— 那种无法解释，随缘而来的浪漫爱情得到了广泛接受。婚姻失去了一些契约色彩，最终在大多数西方国家被视为两个人之间的私事，他们心甘情愿共同生活。

然而中国却不是这种情况，特别是在开放较晚的爱情方面。直到1950 年，包办婚姻在中国仍然合法，而且非常普遍。儒家思想里不赞成夫妻之间如胶似漆、频频传情，反而强调男人之间的关系。儒家思想认为，最牢固的两种家庭关系就是父子关系和兄弟关系。男人只要违背这个准则，公开同妻子显得亲热，便被视为性格软弱。

孔茨指出，儒家思想在抑制夫妻之间的感情上很见成效，直到20 世纪20 年代还没有一个用于描述夫妻之间浪漫爱情的中文词。一些知识分子觉得有必要找一个词来表达这种感情，于是便造出了"恩爱"一词，直译成英文就是"gratitude love"（"表示感恩的爱")。"恩爱"体现出一个男人对于妻子为自己所做的种种牺牲怀有的感恩之情。用于描述浪漫爱情概念的中文词"爱情",在当时只用来指那种被社会所不容的非法男女关系。

除了浪漫含义之外,"恩爱"还有夫妻相敬如宾之意,体现出夫妻双方各自承担的传统责任。妻子应该敬重丈夫。丈夫应该是个可靠的养家糊口的一家之主。夫妻之间产生的任何"恩爱"在社会上均被视为夫妻结合的美好产物,就像奶酪是乳清的美好产物一样。尽管起着美化装点作用,但并不重要。再者,一夫多妻当时仍然合法,不受限制,所以一个男人可以对多个妻子大秀"恩爱"。

后来在 1950 年(大约是克里斯蒂的母亲出生那一年),这一切发生了重大变化。刚刚掌握政权的新政府通过了一项法律,取缔包办婚姻。这项法律规定,婚姻应该建立在男女双方自由选择的基础上。这项法律被称赞保护了妇女权益,更重要的是,限制了父母出于个人利益干涉婚姻。

以前,女性就是她们家人通过婚约捞取社会经济与政治好处的典当品。现在她们可以自由选择生活伴侣。如果婚姻失败,她们还可以合理合法地提出离婚。万一成为寡妇,她们不必受公公婆婆的束缚,可以离婚。无论婚姻今后的状况如何,她们均保留婚前就拥有的财产所有权,而且夫妻共同获得的财产有一半属于她们。

伊丽莎白·克罗尔(Elisabeth Croll)在《现代中国的婚姻政治》（*The Politics of Marriage in Contemporary China*）一书中指出，当时在全国掀起了一场全民学习这项新法律的运动，鼓励所有公民学习理想的婚姻楷模。1953 年还掀起了一场挨家挨户，每条街道全都覆盖在内的大规模运动，教育人民支持自由恋爱结婚，表扬年轻公民拥有"选择生活伴侣的正确观念"。

当时政府提倡的"正确观念"大体内容如下：

夫妻关系首先是同志关系，他们之间的感情是革命感情。革命的含义是，政治上他应该将她视为新的战友……他应该将她视为阶级姐妹，他们应该一起劳动。

如果"劳动"一词没有暗指性爱的话，可以认为同夫妻关系有关的"正确观念"具有更多的意识形态色彩，与身体接触、情感关系不大。政府将浪漫爱情斥责为"资产阶级情调"。1964 年，发表在《人民日报》上的一篇文章警告说，那些"因一时冲动，只看长相，一见钟情，而不考虑政治思想是否一致，是否互相理解"就成为夫妻的年轻人，注定要"发生争吵，极为痛苦"。相比之下，那些相貌不漂亮，但是共同拥有"革命感情"的年轻人将会获得"长青不老"的爱情。

克罗尔还写道，使那些追求革命爱情，敢于"同旧思想作斗争"的年轻人感到放心的是：如果他们遇到父母的阻拦，政府也会支持他们。当时国家支持年轻人自由恋爱结婚，甚至在同父母发生争执时为年轻人撑腰。另外还不断出版思想教育读物，广泛传播年轻夫妇成功追求婚姻自由的事迹，鼓励其他年轻人也这样做。

自由恋爱结婚颠覆了一切都由父母做主的儒家体统。在这个新制度下，父母必须放弃自己的权力，不再讲究门当户对、直接控制传宗接代的事情。相反，子女应该自由求婚约会。克罗尔指出，这个过程肯定会引发丑闻，致使有人摇唇鼓舌，搬弄是非，还会出现一些不得体的行为。为了避免受到这样的伤害，保住从子女婚姻中获得的利益，父母们自然要斥责追求婚姻自由的子女，贿赂那些受命负责推行自由恋爱新婚姻法的当地干部。

那时中国的年轻人根本不知道如何找对象，因为社会上没有任何关于如何约会的行为指南。所以新婚姻法在这方面没有帮助。儒家道统在中国社会根深蒂固，大多数年轻人害怕风言风语、害怕丢面子，甚至使家人蒙羞。那些自由恋爱结婚的年轻人，因为得不到同情和支持而感到心灰意冷。那些受命负责维护中国青年婚姻自由权利的政府官员们情况又是如何呢？只要长辈们使一些手段，他们就会视而不见，不再干涉了。

虽然社会风俗在发生变化，与克里斯蒂的母亲同属一代人的中国父母仍然感觉自己有权随意干涉子女的个人生活，因为他们在自己的父母那里就受到过这样的对待。由于中国缺乏安全保障体系，使得子女成了父母的未来依靠。这意味着让子女到一定年龄就要结婚，而且还要娶得好或嫁得好，这已经成为舒适退休生活的重要保证。从社会角度来看夫妻是否般配，仍然常常比他们作为生活伴侣有多和睦更为重要。只要他们的婚礼办得很气派、非常热闹，让双方家人感到有面子、心安理得，这就大功告成。保全面子仍然极为重要，很少谈到性和性行为方面的问题。

难以启齿的秘密

苏琪（音译）是一位在北京很受追捧的比基尼热蜡脱毛大师的名字。她在北京的外国女人圈里已成为家喻户晓的人物，鸡尾酒会上的来宾经常谈到她的脱毛技术。每当两个女人发现同一双手正在为她们做私处脱毛美容，糖蜡奇妙地涂抹在她们的耻骨部位时，她们之间的感情立即就拉近了。这种感情在一定程度上来自于共享的亲密感：她们知道同一位女人正在用手拨弄着自己的私处。另外我认为，这也同苏琪本人的特别经历有关。

苏琪在成为亲自登门提供热蜡脱毛服务名家之前，曾在北京一家最高档精品酒店的美容护肤疗养部工作（天后碧昂丝和维多利亚·贝克汉姆曾在那里下榻）。她有一群忠实的顾客，但是那家酒店尽管表面上富丽堂皇，工作条件却很差。有位顾客建议她单干，以大大低于酒店的服务价格亲自登门提供美容服务。随后她就提交了辞职报告，勇敢地开办了自己的热蜡脱毛美容服务业务。

她对工作非常挑剔，除蜡时就好像在指挥一支交响乐队。她拎着一个放有全部服务用品的中号香槟色仿珑骧（Longchamp）名牌手袋，往来穿梭在各位美容客户的住所之间。凡是经过她的手脱毛美容的客户，无一不感叹光滑洁净的神奇效果。通过提供优质方便的美容服务，她也为自己赚了一大笔钱，远多于做理发师的丈夫带回家里的现金。苏琪表示，丈夫很支持她的工作，甚至在休息日还会帮她收拾盛放服务用品的手袋。她唯一感到不称心的就是客户极不稳定。她们大多数都是在北京居住时间不长的外国女侨民。虽然她一直通过热情的口头推荐不断获得新客户，但由于女儿眼看要上中学，学费不断上涨，所以她开始到处征求意见，询问如何才能够建立比较稳定的客户群。她非常惊讶地发现，许多女客户都向她提出同样的建议：扩大热蜡脱毛服务范围，把男客户也拉进来。

虽然她的职业本身具有相当时尚前卫的性质，苏琪还是有些摇摆不定，趋向于保守。她来自山西省的一个小村庄，她在北京的大部分生活情况家里人一无所知。"我对父母说我做的是面部美容工作。"她解释说。尽管她也做面部美容，但是她的大部分业务都是巴西式热蜡脱毛服务。我对中国女人的脱毛过程了解不多，但是我可以说巴西人的做法非常出格。我曾经走进健身房的更衣室，看到里面的女人把吹风机对着自己的隐私部位吹个不停。我敢肯定，许多男人也这样做。如果苏琪敢于接受挑战的话，中国的某些男性就会成为她的一座金矿。

"啊？"当我跟她提及这一点时，她疑惑地感叹道，"我去哪里才能找到他们呢？我一个都没有见过。"

这使我颇感意外。苏琪以前工作过的那家酒店在北京占据着500平方米地段，也许是一些追求精致生活的男性最集中的地方。那里的酒吧是这些男性每周一次开心聚会的场所。在露天平台对外开放的温暖月份，有一些把发型修整得完美别致的男士经常聚集在那里，身上散发出浓烈的古龙香水味，连周围的人行道上都能闻得到。

"也许我丈夫能在这方面帮帮我？"苏琪小心翼翼地问着，她对于这种想法是否能行得通没有把握，不过对于赚钱的前景仍然很感兴趣。

为了使苏琪迅速启动新的服务业务，我把她介绍给了我的中国朋友里奥。他是一个追求精致生活的男士。这次谈话的内容极大地震撼了苏琪的感情世界，她意识到她的潜在市场比她想象的还要大。

第六章

—

自由与屈服：交友网站的热潮

春节马上就要到了。张梅还没有找到一位回家同伴。她原来考虑租个男友，最终人家已被别人预定陪伴回家过节了。张梅认定这就是天意，只能一个人来承受。"算了吧，"她斩钉截铁地说道。随后她便安排预订火车票，准备在天黑后到达冰城哈尔滨。

当张梅回到家里准备过节时，她无法想象有什么事情正在等着她。她母亲的一位朋友（我就称她为媒人吧）早已做好安排，让张梅去同一位香港来的男人相亲。那位媒人建议第二天下午在当地的一家茶馆里见面。张梅的母亲满心欢喜地替女儿接受了邀请。

按照中国相亲的习惯，张梅和她的母亲、媒人、香港来的年轻绅士和他的母亲这5个人围坐在桌旁。接着就出现了尴尬局面：两位母亲和媒人占用了大部分谈话时间，而张梅和那位潜在的追求者却在相亲时被冷落一边。两个人干坐着，一言不发。

张梅能够感觉到，她那位未来的婆婆非常强硬，对自己的儿子非常呵护。她已经离婚 20 年，把大部分时间都用在了经营管理她年轻时创立的"化妆品帝国"。她穿戴打扮得好像一位京剧明星。正当媒人实事求是地总结餐桌旁那位面带羞涩，甚至有些烦躁的香港年轻人具有的优越结婚条件时，他的母亲用怀疑的眼光上下打量着张梅。他拥有一辆汽车，一处大住宅，在他母亲经营的公司里还拥有价值不菲的股票。媒人在絮叨这些情况时，张梅默不作声地看了这个年轻人一眼。他们两人最终说了几句客气话，谈了谈各自对电影的爱好。到了晚上只剩下他们两人时，张梅甚至有点喜欢上他了。张梅说："他很善于倾听别人讲话，我能看得出来，他很敏感，重视我说的话。他不会打断我，这和其他男人不一样。"就在我开始抱有希望，觉得他们在这次见面以后还会有第二次时，张梅补充道，"这可能是因为他完全被那位母老虎妈妈管住了，她很厉害。"

第二天上午，媒人从那位年轻人的母亲那里得到消息说，他同张梅见面感到很愉快。然后媒人又打电话转告张梅的母亲，告诉她下一步该怎么做：让张梅在上午 11 点去当地的动物市场，媒人在那里等她。爱睡懒觉的张梅不明白，为什么要冒着严寒穿过市区，在动物市场去同一个自以为是的老媒人见面。可是她的母亲没有给她争辩的时间。在被推出家门后，张梅来到了动物市场，发现笑眯眯的媒婆左手里拿着一个不大的绿东西。

"你身上有一股气妨碍着你的婚姻运势。"媒人一边说着，一边像打响板一样，挥着那只空手在张梅的头上晃来晃去。"如果我们把那股气放出来，就是象征性地把这个小动物放生，你的运气就会好转。"媒人这样解释道，再次打了一些多余的手势要把自己的意思表达清楚。

张梅还没来得及表示反对，手里就被塞进了一只小乌龟。随后媒人把她带到了附近的湖边。整个湖面几乎都结冰了。她禁不住在想，这只乌龟可能会由于体温降低而死去，结果使它在冷冻中永远保持单身状态。在媒人的执意坚持下，张梅只好配合着去做。到了水边后，她就哄着小乌龟从她手里爬走。可是小乌龟却一动不动。它死了吗？张梅敲了敲乌龟壳。她感到有些惊慌，随后便尽可能轻轻地，缓慢地把小乌龟放在了湖面上。紧接着，她又轻轻地在小乌龟后面稍微推了一下。小乌龟移动了几英寸，然后就在一块小岩石旁边停了下来。正在张梅让小乌龟自由爬行时（她坚信这一举动会转化为她找对象时的正能量），她发现远处站着一个男人。她和那位非常满意的媒人离开时，还禁不住回头看了看，发现她们走得越远，那个男人就离她那个四条腿的小朋友越近。张梅还没来得及看到男人要干什么，她们就离开了湖边小路。不过她强烈地感到，那个男人也许专门把天真的单身女和她们好心但却完全受到误导的媒人们购买的乌龟倒卖出去。除此以外，也许他也很想喝一顿乌龟汤。

八字与婚姻

回到北京后，琼的春节假日再也没有顺利过。"我好几天都没睡着觉，耳朵响个不停。"她的母亲哭诉着，看上去既憔悴又恼火。

直到琼同自己的表姐薇薇谈过后，她才了解到母亲突然莫名其妙地感到耳鸣背后的原因。为了缓解琼可能经受的节日压力，薇薇心想最好测一测她的八字。如前所述，在评估战略合作伙伴关系和生意交易前，有些人倾向于要测八字。我还听说从确定举行婚礼的良辰，到确定某人入土为安的吉日，许多事情全离不开测八字。

八字兼有占星术、算命、甲骨和老式魔法咒语的特点，在一些社交圈里很受重视，使一些所谓的八字专家借机大肆敛财。测八字实施起来方便（同时也许有一定危险），在测自己的八字时，一个人不必亲自到场。也就是说，只要了解了一个人的确切生日和出生时辰，谁都可以求人测八字。薇薇推断，只要测出琼的八字，而且八字先生断定她不久就能喜结良缘，那么琼的母亲就可以放松身心，让琼享受一下自己应该享受的节日。

但是薇薇没有考虑过，如果测八字的结果不理想，会出现什么情况。

"你的八字表明，你会在 34 岁时结婚。"薇薇对琼说，"我认为这是个好消息，可是你母亲不这样看。"琼的母亲一听说要再等 7 年女儿才能结婚，确实吓坏了。"在那以前我该怎么办？只有她结婚，我才能放心下来。"她对薇薇这样说道。琼的母亲接着又回到自己的房间里，抱怨起耳鸣来，一再说只有听到女儿订婚的消息，她的耳病才能好。

顺便说一句，我在这里讲述一些表现像演戏似的母亲们的故事，并不是要给读者留下这样的印象：她们都是疯狂人物，一天到晚为儿女婚姻绞尽脑汁。实际上，我几乎同她们全都见过面。我可以由衷地说，她们都是令人愉快的女人，除了女儿的婚事外，她们兴趣广泛、热心公益。克里斯蒂的母亲是一位热情的社区志愿者，最远到过斯里兰卡去援助那里的社会福利项目。琼的母亲博览群书，还是一位有才华的音乐家，经常应邀举行专业的钢琴表演。张梅的母亲是当地妇女舞蹈团的负责人，还是一位厨艺明星，也是技艺非凡的麻将高手。我的理解是，这些女人在女儿的婚姻问题上都有着郁闷窝火的时刻。据我的一些知情者透露，这些郁闷窝火的时刻往往都集中出现在春节期间。但是平时她们大多是积极活跃的社区成员，心地善良，只不过有时被迫以参加公益活动的同样热情对待女儿的婚姻问题，结果往往非常失败。

为了进一步了解让琼的母亲陷入困境的小小八字，我想最好能请教一下八字专家。我希望更清楚地了解这些数字能够传递出有关女性婚姻前景的哪些信息，还想知道这些数字是如何计算出来的。我接触到的少数中国八字专家都支支吾吾，语焉不详。随后我在吉隆坡又遇到了一位专家，她非常慷慨地抽出时间向我讲解了有关知识。

柏妮丝·洛一家人自称是"希望和梦想的破碎机"，柏妮丝来自中国福建省。她长期以来一直同未婚女性打交道。她比大多数八字专家更开明、更务实，既向"炮友"提供咨询服务，也向打算与别人结婚的情人提供咨询服务。她非常耐心地向我这个门外汉讲解了有关八字的一些知识。她开门见山地指出，八字体现着一个人的命运，但是命运只是相关三个因素之一。另外两个同等重要的因素一个是风水，即那些经过安排实施可以改变或调整命运的事物；还有一个因素是人的因素，即那些可以控制我们命运的自身行动和选择。换句话说，八字有些像我们的生命蓝图。但我们是否遵守这些蓝图，那完全是另一回事。

她解释说，八字图由八个字组成，分别来自一个人出生的年、月、日和时辰。用中国的万年历交叉配合这八个字，就组成了八字图。柏妮丝解释说，大多数中国人家都有万年历，因为中国春节不断变化的日期就是根据它来确定的。

为了更容易地读懂八字，许多网站和应用程序开发者都推出了八字计算器，协助完成那些乏味枯燥的阅读过程。比如，将克里斯蒂的有关数据输入八字计算器里，就会得到下面这张八字图。

通过查看图中的地支，我们便可知道她出生的时辰同土这个元素相对应，出生的年份同猪相对应。只有八字专家才能解释这张八字图，因为要想读懂这张图，必须深入了解这些变化无穷的不同元素和符号是如何相互作用的。柏妮丝解释说，一般情况下在受托评测一个人的婚姻前景时，要做的第一件事就是找到客户的"配偶宫"。

在我看来，"配偶宫"就像是一座富丽堂皇的白色建筑，里面摆放着配有精致椅垫的宝座，上面坐着一个人的未来配偶真身，如同皇帝一样英俊潇洒。虽然听起来有些怪诞，柏妮丝对我说我的看法基本正确。根据八卦图，她有时可以看出一个人未来配偶的体貌特征（身高、胸围和头发的颜色）。此外，"配偶宫"就是一个人的"配偶星"在其八字图上的最佳居所。我后来了解到，根据被测八字者的性别，"配偶星"可位于图中的不同位置上。无论性别是男是女，如果在一个人的"配偶宫"当中有个"配偶星"，这意味着他或她的婚姻前景美好。如果没有"配偶星"（这种情况也会出现），柏妮丝说被测八字的人就很适合同自己在相亲当中遇到的人结婚，而这个人最好也没有"配偶星"。

"这听上去很简单，可是其中却是奥妙无穷。"她解释说，"一个男人的母亲可能会出现在他的'配偶宫'里。在这种情况下，我会对一个女人说好好想一想再说'好'，因为这意味着她要永远同自己的婆婆生活在一起。"

在我们谈话的整个过程中柏妮丝一直在强调，她根据一个人的八字图提出的建议只是"揭示了可以采取什么措施来获得最佳结果"。她解释说，有些人的婚姻八字图体现的运气不好，这不一定招致厄运，只是意味着为了喜结良缘，长久恩爱，他们需要更加努力。为此，他们需要搬迁到一个的新地方、更换职业，或者做出其他重大生活调整。柏妮丝强调说，在婚姻问题上最重要的是态度积极，不抱成见，面对现实。

"你可以在房屋里安装新窗户，为百叶窗刷上油漆。"柏妮丝解释说，"但是到了最后门铃响起时，你必须去开门。"她警告说，有些女人并不总是一见到门外出现的男人就激动起来。她们的择偶目标是更富有，或者身材更高的男人，因此一直在四处寻觅。有时她们找到了自己心仪的男人；有时她们对于面临的选择感到日益失望。

作为女人择偶的一条简单实用的原则，她引用了一句中国熟语："如果你做妻子的命还不如做女儿的命，就不要结婚。"我想无数母亲肯定不会同意这种说法，但是柏妮丝不是了为取悦她们，"我只是在看八字图。"

我对中国的婚姻情况了解越多，就越发认识到测八字中掺杂着有不少迷信的成分。如今竟然还有人看重"旺夫相"，尽管不像以前那么普遍了。我把旺夫相理解为"脸部的风水"。从本质上来说，这也是一种相面术，根据女人的面部特征评估她可为将来的丈夫带来好运的一些征兆。中国著名的奥运跳水冠军郭晶晶就被视为具有典型的旺夫相。有时旺夫相在英文中被译成"help husband face"。虽然解释各不相同，但是最常见的相面分析要看一个女人的嘴部、鼻子、耳朵、前额、上唇（不应长胡须！）和发际线等处的特点。如果一个女人的鼻子又高又直，鼻尖饱满呈圆形，据说她就能为未来的丈夫带来好运。她的前额也应该是圆形，因为方形前额（好莱坞明星安吉丽娜•朱莉便是）表明这种女人往往固执己见。大嘴女人（美国影视演员朱莉娅•罗伯茨便是）被视为"能花钱"，所以男人要找的妻子最好长着比例更加匀称的小嘴。

我后来发现，在中国有关婚姻方面的迷信甚至还延伸到词语的发音上。例如，2013年1月4日那一天，上海共有7300对恋人结婚。为什么呢？因为在中文里"201314"（即2013年1月4日）的发音听上去好像是"爱你一生一世"。

在略微论及中国的占星学和迷信问题后，我要说的是：八字就像是条状块糖上的营养说明一样，只告诉你有什么营养成分。但是最后你要吃多少，或者让糖块在兜里融化多少，这得由你自己拿主意。在更加实际的意义上来说，也就是，这也无法像琼的母亲和表姐理解的那样，确保琼会在 34 岁时结婚。测八字的结果只是表明，在她 34 岁那年她的配偶星会位于最佳位置上。她也许早点结婚，也许晚点结婚，也许不结婚。构成她的八字图的那些动物和天干地支五行要素仅仅表明，34 岁对她来说是考虑结婚的有利年龄。

琼最初对八字抱着一种既怀疑又好奇的态度。当我对琼解释上述情况时，可以看出她的头脑开始开窍了。"这么说，我还要再等 7 年才能相亲？"她问道，"看起来太漫长了。不过既然起点晚，我也只好接受了。"

交友网站的兴起

克里斯蒂对相亲约会的态度并不很乐观。她已 34 岁，还没有遇到正经八本的追求者。于是她决定扩大找对象的范围，把外国男人也包括进来。但是上哪里去找他们呢？

对于那些想在网上见到西方男人的北京女人来说，一个常用的登录访问栏目就是 TheBeijinger.com 网站的人物栏目。它有些像 TimeOut 和 Craigslist 这两家网站，提供的信息非常丰富，上面有餐馆评论，有即将举行的文化娱乐活动时间表，还有非常活跃的分类栏目内容。通过它可以轻而易举地搜索到公寓、就业岗位、二手空气净化器等方面的信息，在人物栏目里还能找到西方男友。

这是一家全英文网站，对象一般是生活在北京的外国人。但是人物栏目例外，其访问者大部分是中国女人。

用户 goodluckforme（好运来）写道：

你可爱吗？诚实吗？你想恋爱吗？

我就喜欢可爱的大肚腩外国胖男人。

用户 sweetygurl（甜妞）写道：

你好，如果你是天生的金发女郎，请联系我。

用户 wannamarry（想结婚）写道：

不要害怕我在这个网站上使用的用户名。我来这里是为了找我的西方意中人，但是我们首先应该成为朋友。

我的业余爱好是听音乐、读书、看 DVD 光碟、旅游、与朋友聊天、到外面逛街等等。我不爱打游戏。如果我是你喜欢的那个人，请写信给我。非常感谢。

用户 goodluckforme（好运来）后来又上传了几句话，这一次把目标对准了有点吓人的目标群：

我是一个中国女人，喜欢外国男人。我想你的胸毛一定很性感，很可爱。我渴望真诚的感情，希望能有一个良好的开始，共享生活。

有一天下午，我和克里斯蒂登录了这家网站，一同仔细看了更多广告。我们看到了一个女人发布的广告，她只想同荷兰男人约会，因为她以前的恋人来自荷兰的安特卫普。另外一个女人自称，她的那双脚"会使任何一个外国男人感到痛苦不堪"（难道有一股法国干奶酪味？）。甚至还有几个已婚女人声称，她们的丈夫（经常出差）允许"做事懂规矩"的外国男友为她们提供服务。

还有另一类广告，大部分都是由在美国、加拿大、澳大利亚和英国获得过硕士学位的女性网友发布的。她们对英语的掌握程度都很高，经常自称"与传统格格不入"。她们发布的广告经常提到她们在国外生活了很长时间，最近才回到中国，目前正在努力重新融入社会。这些女性网友听上去更像克里斯蒂，但是她似乎不想同她们为伍。我断定把她介绍给我的一位中国朋友和以前的同事也许会更有帮助，因为据我所知，我的这位朋友有许多来自世界不同地区的前任男友。

世纪佳缘

"我失去了第一次，该怎么办？"上面这些话是王蓓蓓（音译）在第一次亲热后的那天早晨说出来，这可不容易。多年来，这位英语生硬的北京年轻女子一直幻想着自己的第一次，却一直找不到时间、地点和那个男人。"中国真是个拥挤的地方！"她回顾往事时说道，"根本没有地方去做这些事情！"

幸运的是，当她离开中国成为赴瑞典学习的交换生时，终于有了一个难得的机会。在离开中国之前，她特意去了一趟北京的雍和宫。在巨大的佛像前，她求佛祖大发慈悲，能让她如愿以偿。两周过后，她与斯德哥尔摩的一位外送比萨饼的小伙子有了一番鱼水之情。虽然这只是一夜情缘，但是她同外国男人的亲密情分却会持续一生。

"我不会同中国男人约会。"她说道，"和我同龄的85%的中国男人都吸烟，他们的指甲比我的还长。"尽管我不会诋毁中国男人，我也不得不同意蓓蓓的看法。吸烟在中国很普遍，尤其是年龄同她相仿的中国男子（35岁以上）吸烟的更多。他们往往还有一个奇葩习惯，把小手指甲留得很长，长得出格。据说这样可以带来好运。但是我们两个人却认为，至少从表面上看，很长的小指甲只能是藏污纳垢，上面粘着一些耳屎、鼻涕和更恶心的污垢，这要看小手指最近触摸到了什么。

我知道蓓蓓自从去瑞典学习后约会过各种类型的男友，其中包括一个美国人。他们之间的情爱关系最终由于地理区域方面的原因而结束了。但是我可以看得出来，蓓蓓对他还是一往情深。她非常渴望回到单身者中间去，因此便决定尝试一下网上交友约会。

从研究的角度来说，我对中国的网上约会很感兴趣。有关数据非常可观。中国的网上交友约会行业仅次于美国，在全世界名列第二。根据 iResearch 发布的 2016 年统计数据，中国的网上交友约会行业销售额为 16 亿美元。除了行业经济效益以外，在父母与家庭成员仍然对后辈们的婚姻前景有着重大影响，而年轻人又非常喜欢互联网的社会文化中，网上交友约会的兴起是一个巨大的变化契机。为了解它在多大程度上改变了交友约会格局，我做出安排，要同中国最著名的婚恋交友门户网站——世纪佳缘网创始人兼首席执行官龚海燕见面（她已于 2012 年 2 月 24 日辞去首席执行官职务）。

龚海燕是一位娇小随和的女人，几乎是无意中建立了庞大的婚恋交友商业帝国。最初，这个网站诞生于龚海燕居住的著名高校复旦大学学生宿舍里。当时，她还是一位拥有十足才华的剩女：27 岁，单身，正在攻读新闻硕士学位。由于担心自己的书呆子习惯不利于在校园里交友约会，她便求助于互联网。

在发现自己注册为会员的那家交友网站上包含着虚假信息和照片后，她便开始自学并使用微软公司推出的 Frontpage 网页设计制作软件，创建了自己的交友平台。刚刚起步时网站规模很小，只有 5 名用户，包括一个正在研究果蝇的羞怯博士生。她亲自帮助那位博士生编辑自己的个人资料，声称原来的那份个人资料不会引起任何女性的关注。

自从 2003 年创办以来，世纪佳缘网站已有将近 9000 万客户，已在美国纳斯达克上市交易（股票代码 DATE）。龚海燕也为自己赢得了令人羡慕的头衔：中国第一红娘。

虽然龚海燕的剩女时代已经结束（是那位研究果蝇的博士生，现在是在家照顾女儿的留守丈夫），但她仍然很关心剩女，并在一次采访中指出，"大多数所谓的剩女都是自愿地选择了她们的生活方式。"并且强调说，"认识自己，了解自己需要什么，然后再去选择生活伴侣，这非常重要。"

我同龚海燕一起落座后，我首先对她表示祝贺："在找对象经常靠父母、媒人、朋友和同事帮忙的国家里，你帮助人们扩大了寻找范围，使数百万中国年轻人（毫不夸张地说）自己去找对象。"龚海燕看着我，感到有些困惑，"那根本不是我的最初意图。"她回答道，"当时我只是想，随着农村人口在中国各地向城市流动，由于地理距离的原因，人们正在逐渐失去找对象的传统网络。我就是想填补那个空白。"

我发现龚女士对于找对象的问题态度干脆直率，令人吃惊。她非常看重数百年来媒人们一直遵循的"门当户对"这一原则，这在她的网站上也明显地体现出来。用户可以在网站上寻找具备各种条件的对象，其中"工资"一条最受关注。"这不是为了迎合淘金女的需要。"她强调说，"那只是一个门槛。一个男人必须迈过最低门槛，才能被视为够条件。如果你所在的城市里有数十万用户，你能用别的什么方式限定选择范围吗？"

当我询问父母在子女们上网交友相亲的过程中是否经常发挥积极作用时，世纪佳缘网站的一位员工对我说，这家网站的多数女性会员都使用母亲注册的账户。她解释说，大多数独身者都很忙，甚至没有时间在网上交友。所以他们让父母为自己写一份个人简介，不再让父母指责自己，减轻一些自己面临的婚姻压力。回想我同克里斯蒂和琼有过的谈话，这并不使人感到惊讶。但是我却意外地发现男人们也面临着相同的情况。凭借工资和其他单身条件，我的朋友光（音译）在世纪佳缘网上自动升格为钻石王老五的地位。也就是说，女性会员必须交付更多费用才能同他进行联络交流。（世纪佳缘网的一个赚钱方式是：向现金充裕的用户提供必须付费浏览的各种单身者"菜单"。）光最初的个人简介是他自己写的，可是后来他的父亲要求亲自过目。"有几处他改动很大，让我无法再同别人联系了。"

在我拜访世纪佳缘网站办公室期间，龚女士的一位助手对我说，这些网站还组织了许多线下活动，会员们可以有机会相互见面交往。当时在该市西区的一家大型购物中心要举行一场这样的活动。她对我说有兴趣的话可以亲临现场，看一看活动是如何组织的。

我把这个情况告诉了蓓蓓。虽然我们两个人都不需要找中国男友，最后还是决定去看一看。我们到达后（活动已经开始一个小时了），在购物中心的正中央找到了正在举行活动的一个巨大开放场地。四周摆着一束束鲜花，一位开心的司仪正在通过刺耳的无线耳机说着什么。但是那些愉快交往的单身者们都在什么地方呢？他们都出现在墙上。在一大张贴满各种纸条的石膏夹心纸板墙上，我们看到了数百份中国单身青年男女的个人简介资料，包括年龄、职业、工资和 QQ 号等方面的信息。使我感到非常吃惊的是，70% 参加活动的人都涌到了这个地方，匆匆翻阅着不同的个人简介资料。当时这种资料很多，都摆在了一起。纸板墙上划分出两大部分，左边是男青年的蓝色个人简介资料；右边是女青年的粉色个人简介资料。单身的中国男女青年（至少还有几位父母）密密麻麻地围绕在纸板周围。如果离纸板不是很近，他们就利用手机的放大功能，以期看得更清楚，拍下他们最感兴趣的个人简介资料。

我穿过人群，惊讶得说不出话来。为什么青年男女只是查看小小的彩色纸片，而不是亲自相互交谈呢？蓓蓓低着头，躲在一边，不想参与进来，"这就是为什么我不能同中国人交友约会的原因。"她解释说，所有的眼睛都盯着纸板墙。

我注意到有位戴着牛仔帽的男子正在紧张地看着身边的那

位年轻女子。根据我的判断，他是想要做一件不可思议的事情……同她搭讪！当时人群十分拥挤，很容易贴近别人听到他们谈话，我就是这样做的。年轻男子同他目光追踪的那位女子对视了一下。

"你多大了？"他直接问道，连声"你好"都没说。

那位姑娘感到很难堪，神情紧张，似笑非笑，然后一句话没说，转身就消失在人群之中。

"下一次你最好婉转一些。"我用中文对他说道，尽量显得婉转，因为我觉得他真的很愚笨。

他回过头来，吃惊地看着我。我是参加那次活动的唯一一位外国人，显然他根本不会想到我会为他提出什么建议。

"你甚至可以只说，'你好，我是某某。你叫什么名字？'"

"我会这样说的。"他羞怯地回应道，"不过我一般首先问年龄。如果年龄不合适，就没有必要再说什么了。"

也许这位男士真的不明白，他那种搭讪询问方式并不妥当，无法得到对方的回应。从他的下巴上长着的少许胡须来看，他还年轻，也许他最终会明白自己处事的不当。

"下一次就算寻开心，也可以试一试别的方法。"我这样告诉他，然后就溜之大吉。蓓蓓亲眼目睹了整个过程，躲在一个角落里放声大笑。

在我转身离开纸板墙的时候，我发现了一个不太拥挤的地方，那里有一些熟女，一些少不了的不正经老男人，还有一些商议下一步对策的母女。母亲们参加这种活动时普遍显得比女儿们还要兴奋。在我同她们的谈话中，我注意到"照顾"这个词出现了好多次。我可以感觉到，这些母亲除了要找个女婿，最终抱上外孙以外，她们给女儿找丈夫的目的主要是在自己去世后，能有个人继续照顾她们的女儿。虽然这听上去一点也不浪漫，但是我并不责备她们。

中国不是一个为单身和无子女公民建立的社会。长期以来，家庭在中国一直稳定地起着最高社会组织单位的作用，这导致那些游离于家庭单位以外的人只能自己照顾自己。暴露出这种社会结构缺陷的一个令人心寒的事例是，在 2008 年发生的四川大地震中近 7 万人丧生，1.8 万人失踪。虽然没有确切的统计数字，但是死者大部分都是被倒塌的学校建筑物压死的学生，开启了中国最早的"失独"先河。"失独"，即父母失去了独生子女。方凤美（MeiFong）在那部发人深思、笔触细腻的纪实报道作品《独生子女》（*One Child*）中写道，"未婚者和没儿没女者在社会上的地位很低。"她在书中描述了失独父母进养老院难，买墓地难的情景。他们没有子女为自己提供资金、安排养老送终事宜，被视为社会负担。

由于中国缺乏社会保障制度，同有子女的父母相比，失独父母经济困难更大。方凤美指出，他们更容易患上抑郁症。社会上对他们的偏见必须改变，这样才能有效地保护这些老年人（"失独"援助团体建议，用惩罚违反独生子女政策者的罚款来援助在灾难中失去子女的夫妇，但是这项建议从未得到过支持。）。此外，必须实施更大范围的改革，进一步缓解因男女比例失调使传统的小家庭结构所面临的压力。在中国不久就出现了这样的局面：并非每个人都能够结婚，养育后代。另外还必须考虑如下这一因素：中国的年轻人，尤其是年轻女性，对于为结婚而结婚这一观念和行为已经日益变得无法容忍。

在我同那些操心母亲的女儿们交谈的过程中，她们都印证了这一点。在有关找对象的谈话中，她们更有可能提及"共同的兴趣爱好""旅游"和"情感关系"这些问题。她们要寻找可以一同徒步旅行，一同打羽毛球，一同背起背包在国外游玩的生活伴侣。两个人在一起相处甚欢，开怀大笑，有时还要来点销魂的身心体验。

一想到孤独老去，就会使她们感到不安（有位女士对我说，她计划购买一处投资房产作为将来的依靠），但是她们不愿意因为恐惧就对生活伴侣妥协。她们当中不少人讲着流利的英语，是中产阶层的北京当地人，或者目前居住在北京（这样可以离母亲近一些）。所以她们的经济负担很小，更多地关注自己的感情问题。

在我们离开线下交友现场，驱车返回的途中，蓓蓓对我谈起了之前家里为她介绍的当地男友。他37岁，从未结过婚，在北京的一家日本公司就职，工作很不错。"他非常爱看日本动画片。"蓓蓓说道，"这很可爱。后来我对他有了更多了解。"事情是这样的：蓓蓓的父母和男友的父母都非常热心地撮合他们两人结婚，于是便共同出资让他们两人去中国的熊猫之乡成都旅游，提前度蜜月。事情进展顺利，直到他们在旅馆共同度过第一个晚上。蓓蓓有一种直觉，觉得他并不是自己见过的最有阳刚之气的男人。他手提包里的东西证实了蓓蓓的怀疑没错。"他带了一个泰迪熊在旅行中陪他睡觉。"蓓蓓解释说。"这好像是憨豆先生，对吧？"一想到有些冒失轻佻的蓓蓓同中国版的憨豆先生睡在一个床上，我就忍不住哈哈大笑。

听着蓓蓓的述说，我不禁想起了同克里斯蒂、琼和张梅的谈话内容。同她们一样，蓓蓓也曾努力奋斗，追求自己的爱好，拥有了一份充实丰富的生活。作为工作在国际豪华饭店的一位事业有成的艺术家与设计师，蓓蓓为自己创造了美好的生活。她非常渴望与心上人分享这种生活，但却游走在自己找对象与尊重父母的意愿以及社会的最后期限之间。

"我的父母非常想撮合我和那位男士，因为我们家同他家已经认识很久了，而且他在一个很好的地段还有住房。"蓓蓓说道，"可是我无法想象跟他住在那里我会更幸福，或者他跟我住在那里会更幸福。所以我们不会有结果。也许我们各自收养一个大熊猫会生活得更开心。"

第七章

—

自我实现：女性更高的追求

清华大学心理学系创始人彭凯平博士根据马斯洛的需要层次学说提出了自己的一套理论。他认为，当一个国家达到一定繁荣程度后，人们的需要重心开始由物质生活（衣食和住房）向心理层面转移（精神性、幸福感和自我实现）。他虽然承认会有些例外出现，但是他认为这种理论特别适合中国。

　　"我们会看到人们越来越关注个人健康和幸福感，对艺术、创新和电影的兴趣越来越大。"他解释说，"为什么认为中国的民族冲突会变得更加严重呢？因为人们都在寻找和确认自己的身份。"

　　彭凯平认为，除了寻找身份之外，人们还有自我实现的愿望。他解释说，自我实现就像是一杯具有个人成长、事业成就、爱与尊重等丰富内涵且令人垂涎的鸡尾酒，全世界大约只有30%的人才能如愿以偿地品味到它。他认为在中国是什么人可能最接近这个目标呢？是年轻女性。

"中国的经济奇迹有两个奥秘。"他说道。第一个奥秘是农民工，第二个奥秘是受过教育的年轻女性。"你可以去上海浦东开发区看一看，去北京的中央商务区看一看。那里的所有国际公司70%的当地雇员都是年轻的中国女性。她们的英语水平普遍较高。她们聪明、勤奋、有专业能力，在国际环境中如鱼得水。她们对中国的经济发展非常有益。我并不认为许多中国人能认识到这一点。"

尽管彭凯平教授为中国年轻女性大力辩护，他平时却不断地将她们赶走。他负责清华大学心理学系的教师招聘工作。据他估计，80%的应聘者都是女性。她们大多数人的学术背景非常显赫：拥有耶鲁大学和哈佛大学的博士学位，优秀能力推荐信，发表过令人印象深刻的学术成果。同时彭凯平博士也承认，她们大多数还都是单身。

从理论上讲，这些优秀女性正在努力朝着个人实现的最高层次奋进。但是作为未婚女性，她们却又跌跌撞撞，滑向被中国社会接受的最底层。这样的巨大反差该如何解释呢？彭凯平博士说道："这些女性代表着中国社会发展的先锋，她们的标准高，期待也高，国内其余的人赶不上她们。"

琼在北京一家最有实力的律师事务所工作接近一年时意识到，自己加班的时间已达数百小时，但是事务所连一小时的加班费也没给过。虽然好几个同事告诫她不要去捅马蜂窝，以免招来麻烦，她还是将自己发出的全部电子邮件都拷进一个U盘里，作为她多次晚上加班的证据，并要求根据聘用合同中的明确规定给予加班补偿。她的老板扬言要起诉她并提出赔偿，声称琼把她发过的电子邮件全部拷进U盘里实际上是在窃取知识产权。琼并没有畏而却步，反倒挑战老板的"狗屁"法律依据，提醒他说自己并没有将任何信息泄露给外人。她的诉讼技巧最终经受了考验。经过几次激烈辩论后，她终于获得了相当于6个月工资的加班补偿费。随即她便提交了辞呈。

　　为了正确认识像琼那样的知识女性在中国发展大格局中处于何种位置，首先应该了解一下在过去数百年间中国女性所处的历史地位。至少在1906年以前，大多数中国妇女都裹脚。直到1950年，她们一直在婚姻当中被卖给出价最高的人。后来发生了大饥荒（1958—1961），饿死了好多人。在20世纪六七十年代，形势发生了重大变化，中国女性的就业率在全世界名列前茅。几乎一夜之间，女性就变成了"无性同志"，为了国家的大利益同男人们并肩劳动。从性别的角度来看，这是中国历史上的一段特别时期，独特的社会条件为中国那些非常著名的女亿万富翁靠自我奋斗而获得成功创造了机会。

1976 年，形势开始好转。中小学和大学重新开课。但是在这一时期，又要求女性重新担当比较传统的社会角色，就好像任何事情都没有发生过一样。这样就导致了她们面临的困境：中国女性从来没有遇到过真正意义上的女性主义革命；她们积极参与社会活动的大多数重要机会都是强加给她们的，结果也可以同样轻易地被撤销。

现在情况不同了。

作为仅次于美国的世界第二大经济体，中国以前所未有的速度实现了经济增长。但是为了避免失去在世界经济排行榜上的地位，中国需要重点保持其经济体量。如果没有女性的充分参与，就不可能实现这个目标。作为中国最强大经济增长动力的劳动力人口正在逐渐减少，因此女性的参与就显得更加重要。由中国人力资源与社会保障部管辖的国家统计局发布的数据表明，自 2012 年以来，中国的劳动人口一直在逐年减少。预计从 2016 年到 2030 年，中国的劳动力人口将从 9 亿减少到 8.7 亿；到 2050 年进一步减少到 7 亿。劳动力人口不断下降，是独生子女政策造成的必然结果。这一政策减少了中国人口总量。但是问题还不仅局限于这一方面。随着中国劳动力日渐萎缩，就业倾向也在发生变化。由于有更多机会接受高等教育，中国的劳动者不太愿意在曾经把中国的经济推到发展新高度的制造行业就业。更多的人希望从事服务与金融行业。目前中国正在向这两个行业转型过渡。

由于具有教育优势，许多中国的年轻女性在国家向知识经济过渡的过程中具有特别充分的参与适应能力。但是，正如彭凯平博士指出的那样，理论上看上去不错的事情并不总是能够转化为现实。

北京众泽妇女法律服务中心在 2016 年关闭前，是中国一家最重要的致力于维护妇女权益的非营利机构。这家机构大约成立于联合国第四次妇女大会在北京召开前后。2013 年我拜访了北京众泽妇女法律服务中心，去见一位名叫卢小泉（音译）的律师。当时他正在努力开展工作，向中国的几所大学施加法律压力，因为这几所大学要求女生的高考录取分数必须高于男生（中国高考相当于美国的学术能力评估测试 SAT）。当年克里斯蒂参加高考时，考生家长带着供品把寺庙挤得水泄不通。但是今天规矩不同了，家长有时让考生入住指定宾馆的"学习套间"里，因为据说那里是高分考生用功备考，并最终一举成功的地方。一些有钱的家长甚至还要雇用"学习保姆"，每小时 50 美元。因为他们担心，如果不严加看管，自己的孩子就不会用功备考。

在高考那两天里，各地城市全力以赴，满足考生需要。网吧关闭，施工停止，交通改道，有些地段禁止汽车鸣笛。据当地报纸报道，安徽省的出租车司机免费运送考生参加高考，麦当劳餐厅为有抱负的考生提供免费早餐。另据中国著名的门户网站网易报道，2012 年在四川省的一些地方医院里许多高考考生一边看书学习，一边插着氧气瓶，通过静脉点滴摄入氨基酸，以便更好地集中注意力。河北省一所高中在教室里给学生打点滴。照片显示，教室半空中耷拉着一条晾衣服绳一样的长绳，上面挂着静脉注射袋。书桌旁的学生每人使用一个静脉注射袋，每袋折扣价格为 10 元人民币。

另据克里斯蒂透露，在高考前一个月女生甚至普遍服用避孕药。她以表姐艾米莉为例讲述了有关情况。艾米莉在备考期间根本不会怀孕。她服用避孕药既不是因为长了严重的粉刺、经痛难忍、月经不调，也不是出于守规矩的年轻女子服用避孕药的其他原因。她服用避孕药，只是因为作为一个志向远大的考生她一心要考上中国顶尖的新闻学院，不想在卫生巾和每月出现一次的忧郁情绪上浪费一分钟的学习时间。结果，她就往 105 磅（95 斤）重的身体输入正常两倍剂量的雌激素和黄体酮。

"在中国对于女生来说，高考前这样做是很正常的事情。"北京中美妇产科医院的妇产科医生金博士解释说，"尽管没有任何保证，但是在高考前连续 10 天服用 8 至 10 克的避孕药足以推迟月经到来的时间。"

然而，无论服药与否，中国女生的高考成绩整体上优于男生。据中国大学校友会公布的数据，在中国 31 个省级地区高考状元中，女生占 52.65%。2012 年以来，她们不断从男生那里夺得越来越多的高考状元名头，即使在男生以往的强项理科当中也是这样。中国女生的优越表现并不仅仅局限于考试方面。据上海社会科学院公布的数据，从小学到初中，女生在所有学科当中取得的分数均高于男生，其中包括数理化三门课程。中国女生在学习上取得的优异成绩应该得到赞扬，但是卢小泉律师同中国教育部之间的往来信函却展现出另一番情景。

卢小泉解释说，2005 以后性别歧视尽管存在，但是程度有限。从 2012 年起，性别歧视明显变得更加严重。正是在那一年，卢小泉和他的同事决定采取行动。性别歧视主要影响到那些选择提前批次录取科目的考生。具体科目包括外语（英语除外）、表演艺术、国际关系、广播新闻、电影研究、军事科目，以及同理科有关的一些领域。

2012 年，中国人民大学这所名校对外语考生的录取分数线是男生 601 分，女生 614 分。北京外国语大学的外语考生录取分数线是男生 582 分，女生 590 分；理科录取分数线是男生 598 分，女生 639 分，相差 41 分。

卢小泉在同教育部沟通的信函中明确表示，为男女考生设定不同的高考录取分数违反了中国宪法第四十八条（也违反了其他一些法律章程）。他试图查清为什么允许这样做，具体程序是什么。他收到了一系列令人沮丧的答复。

中国教育部在各种公报中解释说，在某些领域有必要控制男女性别比率，比如，涉及国家保护和公共安全的领域，高度保密的领域，或者工作环境对女性"有害"的领域。他们表示，在女性可能受到伤害的领域，在教育资源有限、社会需要一定平衡协调的领域，应该通过限制女性人数的方式来"保护"她们。教育部认为，如果没有这种平衡协调，"教育质量及其对于社会的益处"就会受到影响。他们的回复也暗示，失去平衡协调会影响到"有关政府部门的需要"。我特别想进一步了解有关详情。

"他们的基本意思是说，在某些领域用人单位倾向于招聘男性员工，所以应该保证男生录取比例要高一些。这样用人单位就能够从充足的男性毕业生当中选拔人才。"卢小泉说道。"他们似乎并不明白，教育应该满足个人的需要和期望。"他补充说，并且认为政府不应该控制谁在特定领域里工作。他指出，"决定某人是否胜任某一工作岗位，这是个人与人力资源部门的责任，不是政府部门的责任。"

截止到 2012 年，中国人民大学有些专业一直要求女生的高考分数高于男生。这所大学的一名知情人对我说，在他们学校名牌专业就读，将来要成为人力资源管理者的学生当中，大部分是女生。但是在毕业前，只有男生的就业岗位有了着落。

我在同北京一所顶尖大学的一位女教授交谈后了解到，人们普遍认为男生在毕业后会取得更大成绩。按照这个逻辑，大多数招生人员认为录取的男生越多，学校在将来拥有的明星校友也越多。但是女教授很快就解释说，这所以工科为主的大学整体上缺少报考的女生，而且选择攻读科技学位的女生也比较少，但是目前却没有在增加女生录取名额方面做出具体努力。相反在她工作的外国语言文学系，一个班 30 名学生当中一般只有 3 至 5 名男生。"有一次在系里开会时我听到一名教授这样说，'我们系严重缺少男生，这是一个大问题。将来男生更有可能成为研究领域中的专家，他们有更大的发展潜力。'"

在我们不断抱怨中国的招生不公平问题有多么严重之前，不妨先看一看美国大学的招生情况。

2006 年，美国凯尼恩学院主管招生工作的詹尼弗·德拉哈蒂·布里茨在《纽约时报》专栏撰文公开承认，凯尼恩学院经常优待男考生。即使他们分数较低，也容易被录取。其他招生工作人员在读过她所写的那篇文章后表示，这样重男轻女的现象并不罕见。不过许多人都对她的坦率态度表示惊讶。哥伦比亚大学法学教授泰德·肖把男学生得到的这种"帮助"称为"公开的秘密"，从事招生工作的人员个个心知肚明，但是外界却未必需要知道。

针对布里茨的那篇文章所引起的媒体关注和广泛讨论，2000 年 9 月美国民权委员会决定对大西洋沿岸中部各州的一些学院和大学展开调查，对招生工作中存在的性别歧视问题进行评估。该委员会民权评估与研究办公室主任，已故的罗伯特·勒纳亲自设计研究项目。调查过程长达 18 个月，从 15 所学院和大学的多样性样本中收集到大量研究数据。但是正当调查结果从不同院校陆续汇集在一起时，又任命了 3 名委员新成员。其中两名由奥巴马总统任命，一名由参议院多数党领袖哈利·里德任命。由布什总统任命的两名参与调查活动的原有支持者被调走了（被调走的另一位委员由里德任命，他在调查活动刚刚开展时没有投票）。2011 年 3 月，重新组成的委员会大多数成员投票终止了这次调查活动。不过留任的那些最初支持者们没有一个改变自己的立场。那些投票终止调查活动的人大多声称，数据存在着缺陷，研究项目覆盖的地区范围有限，所以此次调查不宜继续开展下去。美国民权委员会八位成员之一，圣地亚哥大学法学教授盖尔·赫里奥特则认为，这里面大有文章。

她认为调查活动之所以被终止，可能是受到政治利益的影响，并提及了一个奇特的情况。她列举出一篇有关专栏文章，文中出现了下列统计数据："（在美国）相对于每 100 名获得大学文凭的女性，只有 75 名男性获得大学文凭。"赫里奥特指出，文章作者将这种情况称为"男孩危机"，完全否认存在着歧视女生的可能性。

我们在中国看到的情况完全一模一样。女生在大学录取阶段可能受到歧视，男生在学习成绩方面可能落后于女生。前者似乎是对后者作出的一种反应。我要让那些决策伦理学家们去辩论，允许这类"歧视"现象存在是否公然违背宪法或者不公平，但却自有道理。我现在要关注的是，女性为了在专业上立于不败之地需要获得的这些学位，在她们超过一定年龄时，对于她们的婚姻前景造成了怎样的不利影响。

在整个 20 世纪，美国受过大学教育的成年男女到 30 岁时，比受教育程度低一些的同龄人结婚的可能性要小。直到 1990 年，受过大学教育的年轻女性更是如此，她们结婚的比率不如受教育程度较低的同龄人高。因所受教育程度产生的这种结婚比例差距，经常被人口学家称为"婚姻差距"。根据皮尤研究中心发布的报告，这种差距正在日益缩小。报告指出，"在 40 岁以下的白人女性中间，由教育程度造成的婚姻差距已经消失。"这表明，截止到 2008 年，35 岁至 39 岁受过大学教育的白人女性 84% 已经结婚，与没有受过大学教育的同龄白人女性结婚比率持平。这份报告还预测，受过大学教育的美国女性不久将成为已婚白人女性中的大多数人。

在将上述数据与中国的情况进行比较，并对其有效程度进行评估时，首先需要看一些相关数据。芭芭拉·达福·怀特黑德（Barbara Dafoe Whitehead）在《为什么好男人剩不下》（*Why There Are No Good Men Left*）这份报告中指出，1969 年只有 18.5 万即 1.6% 年龄在 25 岁至 34 岁，受过大学教育的美国女性结婚。如今这个数据已变成 25 万，即 28% 年龄在 25 岁至

34 岁的美国女性已经结婚。重要的是还应该记住，截止到 2011 年，中国女性是大学文凭的主要获得者，而美国女性自 1982 年起就一直是大学文凭的大多数获得者。也就是说，受过良好教育的美国女性用了 30 年的时间缩小了婚姻差距。中国女性是否也能获得同样的成功？

社交技巧

琼在提交了辞呈后，决定抽出时间外出旅行，思考一下是要再找一份同法律有关的工作，还是要重返校园去攻读艺术史学位。这个决定使她的母亲感到莫名其妙，首先她无法完全理解为何琼辞掉了工作。但是为了及时庆祝她战胜了蛮横的前任老板，我和琼约好聚餐。艾薇也赶来了，像往常一样，浑身珠光宝气地抵达了餐厅。

每当我们 3 个人感到需要交流时，我们就使用微信。微信同脸书、推特、Skype、WhatsApp 和照片墙（Instagram）一样，是一种同熟人聊天的方便工具。借助于微信，用户可以及时了解熟人的生活状态，上传一些照片、短信、链接和配有神奇表情符号的其他随想内容。我每天都使用微信，它基本上成为我发短信的必用工具。可我当时根本不知道微信也是艾薇同男人们周旋的重要武器。

"你需要上传一些贵重物品的照片，这样一来，那些追求你的男人就认为你很有高雅品位。"艾薇对琼说。

艾薇打开了几个朋友圈页面，以实例为证。如今她早已超越这个微信阶段，但是她向琼保证，这种方法对于她取得当前的成就发挥了重要作用。

琼表现出怅然若失的神态。她最近一次的生日是同几个最要好的朋友在一家韩国健康美容中心度过的，没有收到任何可以炫耀的昂贵礼物，只有几份化妆品。"如果你没有收到任何昂贵礼物，你可以把别人收到的礼物照片传上去，就当是你收到的礼物一样。"艾薇继续传授着绝技，"当然，还要加上几句表示感谢的话，这样你就显得不是在吹嘘了，在网上可以找到的令人信服的照片，很管用。你只需要让它们看上去是别人送给你的礼物就行了。"

"就餐时也是一样。"她讲述着，好像是在引用《论语》名言，"如果你在约会时，甚至只同几个朋友聚餐时去了一家非常时髦的餐厅，应该拍几张照片传上去。男人们需要在优雅的地方看到你，这样他们就知道应该带你去哪里了。他们也是能省就省，不过你要是把门槛抬高，他们就不敢怠慢，保证好好地招待你。"

我能看得出琼在了解到这些情况后显得很兴奋，但是却并不完全相信这样做可以奏效。

"接下来，你还需要拍一些很有吸引力的照片，全是大腿和乳沟。绝不能拍得没有品位，一定要拍得很性感。"

由于琼住的地方离我们吃饭的餐厅不远，艾薇便主动提出当天晚上在琼的公寓里帮她策划拍摄一些魅力照片。艾薇开着她那辆保时捷前往公寓，我和琼则乘着我那电动摩托车一路颠簸朝公寓奔去。我们刚一到达公寓，艾薇就坐在了室内那张坐卧两用的长椅上。从琼居住的公寓可以看到壮观的北京中央商业区。"这是拍摄大腿照片的最佳姿势。"艾薇一边说，一边朝着我们伸出双腿，一条腿抬得略高些，同时稍微拱起她的背部。"你来试一下。"

琼坐下来，略微靠着窗台。艾薇准备拍照。"注意腹部！"她说道。琼吸了一口气。"注意腹部！"艾薇又重复了一遍，这次声音更大一些。琼（身材苗条）再次收腹，正赶在艾薇抓拍之前。"我们必须用Photoshop软件把照片处理一下。"艾薇看着照片说道。我有几个西方的男性朋友，他们一见到琼就迷上了她。但是据艾薇看来，琼的魅力不在于身材相貌，而在于气质。我对此的理解是，琼具有独特的个人魅力，而且天资聪颖。但是我不能确定这就是艾薇要表述的本意。

艾薇浏览着其他女性微信好友的"倩照"，要让我们欣赏更多的照片。这时我注意到一个特点：她们当中许多人上传的照片中拍照的姿势同艾薇指点琼的姿势一模一样。照片中运用了许多标志性的蓝色蒂芙尼方框，就像标志性的香奈儿黑白方框一样。有些上传的照片甚至还展现出几种不同的奢侈品摆放一起所具有的蒙太奇效果。由此我开始认识到，艾薇拥有一批门徒。

经过风月场老手艾薇亲自传授撩男绝技后，琼大开眼界，决定实施更加积极的行动方案。一些展示精致糕点和烤里脊肉片的美餐照片陆续出现在琼的微信画面上。她甚至还去照相馆拍摄一些非常迷人性感的个人倩照。在其中一张这样的照片中，她穿着很合身的淡黄色连衣裙，展现出令人惊叹的蜂腰体型。

"相片照得很可笑。那个地方贴了不少被严重篡改的模特照片。其中一个男模特很有魅力，肯定是个韩国人。"琼回忆道。摄影师看到她很喜欢照片中的男模特，便问她是否想同他拍一张浪漫情侣照，因为那也是照相馆提供的一项服务。"我很想拍一张。"她承认道，"但是最后我觉得那会很吓人的。"

就在琼拍摄完个人倩照几周后，一位韩国男人出现在琼的视野中。他们在一次为年轻专业人员举行的社交活动中见过面，但是没有真正建立太多的联系。琼上传的微信新照片肯定引起了他的注意，因为他突然变得更加健谈，最终还邀请琼外出约会。这是值得纪念的重要时刻。琼喜欢韩国的一切。韩国的肥皂剧使她痴迷不已，她还是韩国流行音乐的铁杆粉丝。在她的眼里，韩国男人就是亚洲的太阳神，所以她毫不犹豫地接受了约会邀请。

第八章

社会变化：中国特色的爱情

那是一个星期天的上午。10点后，我搭乘两站地铁，抱着很大希望前往北京天坛公园。作为北京市活跃的老年人非正式游乐园，在这里你更有可能遇到一位练习少林功夫的七旬老人，但不会找到一个安静的角落阅读、散步或者野餐。

　　"你在找丈夫吗？"我一走进大门，就有一位壮实的中年妇女这样问我。她身高大约4.8英尺（146厘米），很有胆量，说话时带着北京人浓重的鼻音。我还没来得及回答，她就拿出一张小照片。"这是我儿子，他是一名律师，收入很高。我们在公园外面有3间老房子。想去看看吗？有一间房子已经装修好了，就等他和媳妇搬进去住了。"

　　我客气地对她说，我不是来找对象的，但还是仔细地看了看那张照片。他有着类似母亲的微笑，也长着类似母亲的肚子。

虽然他显得身材高大，可是从身体上凸出的便便大腹却使他的体形看上去好像是个铁砧。

"他什么都会。"她继续介绍着，说她的儿子擅长足球、篮球、乒乓球、羽毛球，还擅长一些张梅没有教过我中文名称的其他几种体育活动。

"你觉得怎么样？"她问道，脸上露出得意的笑容，还用肘部轻轻推了我一下，似乎是在说"做我的儿媳妇吧"。

"我有一个做律师的朋友。"我回应道，一边要显得礼貌客气，另一边却一门心思要逃之夭夭。

"多大年龄？"她问道。

"28岁。"我回答说，心里想着琼。

"他找的是媳妇，不是恐龙！还有更年轻的吗？"她说道。

我被激怒了，她也能看得出来。我很清楚有些中国人歧视年龄大的人，尤其是在婚姻方面，但是我并不想惯着她这个毛病。

她拿出来一块菠萝椰硬糖表示和解，然后凑近了对我说，"我应该给你透露一个实情。"她压低了声音耳语道，"他以前有过一个女朋友。他们甚至还相爱过。"

"发生了什么事情？"我问道，突然变得好奇起来。

"我不同意，因为她的出身背景。我也不许我的儿子再见到她。他继续和她相处了一段时间，最后他们还是分手了。因为这件事，儿子和我闹僵了好几年，甚至都不和我说话，"她回忆道，"现在情况好一些了，我答应不干涉他的私事。"

"那你今天在这里干什么呢？"我问她。

"当然是帮他找媳妇啊！"

我停下来仔细观察周围的一切情况。这位女士也是当天上午来到"婚姻市场"的近200名父母和祖父母中的一员。那里除了有大量相亲者个人资料复印件外，还有一些只供会员象征性地付费就可以浏览的数据库。克里斯蒂的祖父也从这个数据库里挑选过一些条件好的男士供她考虑。

使我感到吃惊的是，这种事情居然还发生在当代中国，并且是在北京这样的国际大都市。不过我本应该了解得更清楚一些。那天上午我看到的情况是，半个多世纪以来，中国的家长和子女们之间展开的浪漫拔河比赛的余波残景。

1899年，法国作家亚历山大·小仲马创作的长篇小说《茶花女》被译成中文传入中国。作为首次译成中文的欧洲长篇小说，《茶花女》一经发表立刻赢得了大量读者。据说，《茶花女》那位勇敢的中文译者林纾在翻译充满激情的不幸爱情场景，以及女主角玛格丽特死于肺结核的段落时痛哭流涕，邻居们都能听到他的哭声。

当时，中国古典文学名著《红楼梦》已经印完第二版。中国读者长期接触的文学作品中充满了大量描写炽烈爱情、贵族的社会没落，以及抛弃世俗名利的英雄主义情怀等方面的内容。

但是斯坦福大学研究中国古典文学的学者李海燕在其专著《心灵的革命》（*Revolution of the Heart*）一书中指出，《茶花女》以全新的浪漫主义手法向中国读者表现出了上述主题。《茶花女》描写的是税务局局长的儿子阿尔芒疯狂地爱上巴黎妓女，并决定娶她为妻，藐视贵族阶层强加给他的礼法道德的动人故事，使中国读者认识到，情感与对浪漫爱情的追求可以成为社会新秩序的合法基础。《茶花女》绝不是一部仅讲述男欢女爱、凄楚动人故事的作品。

应该记住，在清末民初的这个中国历史时期，中文里还没有表示"浪漫爱情"的词语。语义最接近的一个词是"情"，主要指当时流行的言情小说。除个人情感以外，"情"还涉及美德。那时的人们仍然要将个人身份以及各种相关的"情"同自家亲属亲情紧密联系起来。

鉴于社会关系具有包罗万象的性质，有人认为，在中国的那个历史时期，浪漫之事尽管没有遭到禁止，却也没那么必要，不受重视。男人可以在妓院里同情妇打情骂俏，如果非常迷恋情妇的话，还能将其带回家来（直到 1949 年为止，一夫多妻现象在中国广泛存在，并不违法）。同性恋关系也得到默许。就连孔子（他经常被错误地描述为身材魁梧，板着面孔）也容忍享受快乐的行为和作品，只要适度不过分，不危害家庭结构或有关伦理关系就行。对于寻欢作乐的真正告诫只是需要非常小心谨慎。

"传统的中国文学作品里讲的都是一见钟情的炽烈爱情和销魂的性爱故事。"李女士解释说。"但是这些故事大多结局悲惨——苦命恋人不是被表示反对的父母拆散，就是有一个恋人（常常是女人）突然变成了狐狸精。"这些情节都是有意安排的，李女士安慰我说，为的是直接表现人们在寻找合适的婚姻伴侣时感受到的焦虑，警告人们违背久经考验的婚姻制度会有什么悲惨下场。

这些故事常常写得才华横溢，但是李女士解释说，其中大部分内容都充斥着同样的训诫说教：只要遵守结婚之前的礼法约束，不违背家风家规，就可以保你平安。如果只凭感情用事，无视礼法规矩，你就会娶到一个魅力无边，但只能给你带来灾难的邪恶狐狸精。

显而易见，"情"并不排除浪漫爱情或激情，只是要求爱情与激情应同其他理想水乳交融，和谐一致。其中最重要的就是孝与爱国。由于受家庭和政治环境的影响，要想坚定不移、和谐一致地爱家、爱国、爱自己的亲爱之人，有时会比登天都难。

1919年爆发的五四运动，接过"情"这个概念并将它升华。五四运动起源于当年学生们在北京的游行示威活动，其背后的推动力量是这样一种认识：儒家价值观念（包括包办婚姻）造成了国家的政治软弱。在一直延续到20世纪40年代的五四运动期间，投身运动中的积极分子强烈主张个人重于社会，感情重于形式。由于时代精神使然，当时最大的争论点之一就是：爱。

"当时宣称（也是一种要求），爱是统摄所有社会关系的唯一原则：父子之爱、夫妻之爱，以及中国同胞之间的爱。"李海燕这样写道。这条原则得到了严格实施，她补充道，"任何不是建立在爱的基础上，没有不断提倡爱的社会机构都被视为恶劣不合法。"由于包办婚姻恰恰是妨碍浪漫爱情的最大障碍，因此便受到了猛烈批判。在五四文学作品中，家长受到抨击，被描绘为压迫的根源；他们包办子女婚姻的自私动机也遭到无情揭露。在这个历史时期，浪漫主义的思潮达到了新的高度，因此学者们将这一历史时期普遍称为"自由恋爱的鼎盛时期"。顺便提一句，这也是中国历史上女作家大放异彩的时期。她们创作了一些激情奔放的作品，赞颂恋爱中的女性所表现出的勇敢果断精神。她们通过自己的作品对专横的家庭制度和女性遭受的压迫作出了挑战。更为重要的是，在这一时期"情"转变成为"爱情"。同自由、平等和独立一样，爱情也成为表达个人最重要生活新理念的时髦词语，同时也证明追求浪漫爱情可以是一种合理合法的存在的理由。

在个人身份历来根植于亲属关系或家乡纽带关系的中国，这可是一种巨大变化。儒家的社会关系体系历来以国家和家庭的需要为重，即使与这些需要并不相干的友谊也被视为具有潜在的颠覆性。当时的政治思想家们决意建立一种与儒家旧模式截然不同的婚姻模式，不过他们担心由浪漫爱情引发的兴奋感会冲淡革命热情。

早在公元前 600 年，中国哲学家老子就曾告诫人们，爱情是最强烈的情感，因为它可以同时伤害一个人的大脑、心灵和理性。

随着上文提到的向"自由恋爱的婚姻"过渡，继而在 20 世纪 60 年代开始，接吻和拥抱（这些在 20 世纪 30 年的电影中以及古典文学作品中经常描绘的情况）在现实生活中遭到严厉禁止，被视为资产阶级堕落行为。在表达爱情时，鼓励中国年轻人相互借书，或者交换钢笔、笔记本。两人独处时要讨论革命理想，不能涉及个人感情，否则就会被指责为"生活作风有问题"。同异性亲密遭到公开的批判耻辱。

具有讽刺意味的是，在浪漫爱情遭到压制时期出现的一个词语便是"谈恋爱"。当时这一词语指的是求婚过程，即在结婚前男女双方相处相识的阶段。这一说法之所以得到认可，是由于它被视为一种消除儒家包办婚姻的有效方法，可使男女双方先"谈"他们之间的关系，然后再决定结婚。虽然对浪漫爱情也许更有帮助，但是这种"谈恋爱"的方式并没有使寻找婚姻伴侣变得更容易一些。

伊丽莎白·克罗尔在《当代中国的婚姻政治》一书中指出，除了家人鼓励女方要牢记社会经济方面的要求以外，她还要考虑男方的政治面貌。

婚姻再次成为交易活动。浪漫爱情原本是 20 世纪 20 年代年轻人共同支持并为之奋斗的理想（抛开了阶级或家族的影响），后来再次被等级化、商品化的家庭主宰婚姻所取代，要求有关各方完全站在政治的一边。

如今形势发生了一些变化。

某个星期四的晚上 8 点，一个价值 1.05 万美元的巨大玫瑰花束被送到了北京马克西姆餐厅的前门。这里是著名的法国餐厅前哨。玫瑰花束足有一头小象那么大。"我们必须把门拆掉。"品酒师科朗坦·达坎对员工说道。"没有别的办法，"他又补充说，示意找个人带上所需的合适工具，把那扇镶着玻璃的双开大木门拆下来。过了片刻，四个身强力壮中国人按照吩咐，将玫瑰花束抬进了餐厅。面前出现了一个陡峭的两层楼梯。"我们可以把那位未婚夫叫下来。"达坎说着，又打了一些手势。"绝对不行。"他的一位同事插言道，"那会破坏求婚仪式。"

据以前管理这家餐厅的达坎先生透露，自马克西姆餐厅于1983 年在北京开业以来，搬运巨型花束是常有的事情。作为在中国大陆开设的历史最悠久的一家外国商业机构，30 多年来，马克西姆餐厅非常稳健地经历了中国突如其来的各种变化。

如今，马克西姆餐厅也像其他许多外国人经营的服务场所一样，成为北京高端消费者享受美酒佳肴的地方。现年 80 多岁的知名服装设计师皮尔·卡丹在 20 世纪 80 年代初就提出让马克西姆餐厅重返中国。他主要被视为一个具有远见卓识的人，在中国享有摇滚巨星般的地位。每当他在城市中现身时，街道纷纷封锁，为他的随行人员让路，名流云集。当年在中国东部的合肥市举行马克西姆餐厅开业典礼时，中国多位国家领导人前来祝贺。

渐渐地，马克西姆餐厅凭借其经过精心调配，符合中国人口味的法国招牌美食在中国有了名气。"我们每周要举行四到五场求婚仪式。"达坎一边说着，一边监督着几个工作人员把玫瑰花束抬上楼梯，身后留下了一长串玫瑰花瓣。"我们有一个记录所有求婚仪式的专用手册。每一场都比上一场更加奢侈铺张。"他语速很快地列举出了一系列求婚仪式。其中有位男士包下了整个餐厅，要求围绕着他和女友落座的地方把所有餐桌都摆成心形。

"花销很大，很费功夫。"他一边说，一边嗅着那个已被搬到二楼的巨大玫瑰花束。"这可是真的玫瑰花。"他又赞许地说道，"又红又芬芳，肯定花费了一大笔钱。"

达坎是一位身材高大魁梧的法国人（仅凭这一点他身上便自然散发出一种浪漫情调），偶尔按着吩咐把戒指亲自送到餐桌旁。戒指有时藏在一块蛋糕里，周围包着餐巾纸，或者放在一个大浅盘里，用别的东西遮盖着。"那情景有时非常动人，尤其是在女人因为惊喜或动情而哭泣的时候。不过大多数求婚仪式都很浅薄。"他说。

两小时后，订购巨大玫瑰花束的那位男士同就很快要成为他妻子的女士一起来到了餐厅，在众人的陪伴下走到了用餐后要摆放极品鲜花礼物的餐桌旁。五道菜享用完毕后，小提琴手开始奏乐，随即巨大的玫瑰花束也被送到现场。一枚戒指亮了出来。已经是浑身珠光宝气的那位准新娘，看着那枚闪闪发光的两克拉钻石戒指戴在了自己的手上，脸上露出了微笑。

过了片刻，准新郎把法拉利豪车钥匙扔给了一位餐厅勤杂工，叫他把巨大的玫瑰花束装到车上去。那辆豪华跑车只能乘坐两个人，显然无法装下巨大的玫瑰花束。因此，那些鲜花就被留在了停车场。到晚上，附近购物中心的值班员工一看到这些鲜花，会拿回去自行享用。

早在这样奢侈的消费求婚仪式在中国出现或者承受得起以前，这种浪漫情调在中国是不被允许的。但是到了1979年，人们已经为接受浪漫情调做好了准备。当年，《大众电影》杂志在封底刊发了英国影片《水晶鞋与玫瑰花》（*The Slipper and the Rose*）中的一张接吻镜头彩色照片，不料在全国引起激烈争论。

据新闻记者黄原竟在《汉语世界》上报道，新疆一位宣传干部称这张照片是"意在毒害我们年轻人的资产阶级堕落行为"，随即引起广泛的公众争论。这位宣传干部后来又澄清道，"我们并非不要爱情，问题是需要什么样的爱情。是纯真的无产阶级爱情，还是腐化的资产阶级爱情？"在接下来的两个月里，大众电影编辑部共收到 11000 封群众来信，其中 2/3 来信对那位苦行僧似的宣传干部的态度进行了谴责。

还是在 1979 年，小说《生活的颤音》搬上银幕。据说这部影片中有一个接吻镜头。影片首映前人们议论说，在拍摄影片时曾要求演员用塑料布把嘴唇包上。在观看接吻这场戏中，观众们伸长脖子，瞪大了眼睛，都想看一看包在演员嘴唇上的塑料布。可是正当男女演员俯下身来就要上演那激动人心的接吻戏时，据黄先生报道，"不料婆婆'咣'的一声闯了进来，男女演员立刻就分开了。"

随着改革开放开始，爱情作为一种被压抑的人性从瓦砾中复活，再次获得新生。无数女作家在作品中对爱情展开了热情奔放，酣畅淋漓的描写，这足以证明在那些动乱年代爱情是何等地压抑缺失。

还有一个明显的例子是遇罗锦的报告文学《一个冬天的童话》。这篇作品 1974 年写成，1980 年秋季发表。与当时流行的其他许多"伤痕文学"作品一样，遇罗锦的报告文学《一个冬天的童话》以细腻的笔触揭示出她的家庭的不幸经历。父亲长期失业，遇罗锦的母亲不得不在一家工厂里做工（只领一半工资），养活丈夫和 3 个孩子。

接下来，作品又写到了遇罗锦自己。由于她在日记中对官方的文学政策发表一些不合时宜的评论（日记被没收），被下放农村劳动改造。据香港中文大学跨文化交际研究助理教授黎明茵（音译）透露，遇罗锦当时被送到了一个贫困村。那里的农业生产队党支部书记立即告诉她要找个丈夫。因为接受劳动改造的未婚女性不允许一直单身，黎女士写道，遇罗锦就暂时借住在一位农民家的厢房里。最后，为了减轻母亲养家糊口的负担，遇罗锦决定把自己卖给一个来自比较富裕地区的男人。她在作品中描述了嫁给一个残酷虐待她的丈夫后的黑暗生活细节，接着又描述她如何认识到自己曾经有过的一种自欺欺人的错误想法：她原以为在追求舒适物质生活的过程中，自己可以压抑内心深处对于丰富的情感精神生活的渴求。

黎女士指出，遇罗锦对于自身错误的认识引发了广泛的公众争议。而火上浇油的是，就在她所写的文学作品正在出版的过程中，她本人也经历着第二次离婚。她的离婚理由是已经没有了爱情。根据1980年婚姻法修正条款，双方缺乏感情可以成为离婚的理由，遇罗锦提出离婚的理由完全合法；但是在实际中能否行得通，这便是许多旁观者拭目以待的事情。

然而最使公众感兴趣的是，遇罗锦坦诚地揭示出她的婚姻所具有的利益交换性质，以及她要维护一个女人满足自己情感需求的权利的真实愿望。黎女士在对流行杂志和各家报刊发表的非正式谈话中指出，遇罗锦自揭伤疤首次引发了公众对于爱情在婚姻中的意义，以及婚姻与离婚道德问题的热烈讨论。她将遇罗锦的个人生活称为"公共文本，中国人通过它试图去解读出个人生活的各种变化玄机，认清在新中国刚成立时个人与公众之间的相互关系"。

从以上角度来看，遇罗锦所写的作品不仅仅体现着个人为了爱情和自我实现而开展的斗争，也体现着"广大公众承认女性作为具有自己的价值观和追求幸福权力的人而开展的斗争"。换句话说，拥有婚姻自由的权利并不是追求童话般的婚礼，化蝶登仙，甚至每天都要相互说上几句"我爱你"。它首先是一种社会公正，一种最近 100 年来中国一直在争论，而又一直否定的社会公正。

未婚先孕

我的同事艳艳（音译）笑起来很羞怯，经常喜欢拖着平头猫跟鞋四处走动。这使我想起了米妮老鼠。她脸上常常挂着微笑，话语不多，每天在办公室里大部分时间都在网购，或者照看自己的网上虚拟动画农场，因为农场里开花的作物需要耕作、浇水。我无法理解她为什么觉得这种事情那么有吸引力。"大家都有这样一个农场。"她申辩道，还让我仔细看一看办公室内的情况。果然，我们每天在其中大约度过 8 小时的这家媒体公司办公室里，到处都能看到虚拟的网上农场，上面茁壮生长着南瓜、玉米和红辣椒等多种作物。这一切看上去令人啼笑皆非，饶有趣味。中国不是在尽一切努力搞城市化建设吗？为什么从农村移居住到城里的勤奋居民还在用心照料虚拟的庄稼地呢？

虽然我从未能够完全理解 QQ 农场为何具有那么大的吸引力，可是我的办公桌就摆在艳艳身后，真可谓其乐无穷。她的办公桌上高高地堆放着各种家用电器，好像是个小型的宇宙空间站。冬季的一天上午，我来到办公室，发现她的办公桌上摆着一副可以充电的连指手套，戴上它，手指就不会冻在键盘上了。下面还有一双可加热的拖鞋，好像是专为宝贝辣妹设计的月球靴；另外还有一个台式加湿器，形状好像一个大橡皮鸭，能从屁股里巧妙地放出蒸汽来。

这些东西都是艳艳在淘宝网上购买的。淘宝也是使 11 月 11 日成为重大购物节的背后主要推手之一。11 月 11 日目前已成为很有人气的全国性非官方光棍节。据说这个节日是由南京大学的几个单身学生在 20 世纪 90 年代创立的。由于 11 月 11 日这个日期中包含着四个一，这几个学生断定，这一天将会成为对付情人节的一剂灵丹妙药。在光棍节这一天，他们可以庆祝自己的单身状态，并抑制同单身状态有关的一些负面因素。

如今，光棍节已经成为世界上规模最大的网购节日。这在很大程度上应该归功于阿里巴巴公司的一些下属门户网站，比如淘宝和天猫。天猫是淘宝网打造的企业购物平台，以正规商家为依托，销售的商品中包括数家外国品牌，比如汤姆·福特（Tom Ford）和塔吉特（Target）。

借助于机智营销，商业化力度以及改进的付款方式，光棍节的网上销售额从 2013 年的 58 亿美元稳步上升到 2016 年的 178 亿美元。这个节日有点像美国的"网购星期一"，为每个人提供较大折扣的网购优惠；还有专门向单身者销售的特色产品，包括低热量快餐面（专门为不能自己做饭的城市单身者定制），带有双臂双腿，真人一样大的枕头（专门为那些渴望有个背对背靠卧大枕头的单身者定制）。2016 年，马云将光棍节提升到了新的高度，在节前举行了一次有明星人物捧场的盛大倒计时欢庆活动。退休的篮球明星科比·布莱恩特以及贝克汉姆夫妇等一线明星人物纷纷光临现场。原本还安排了美国流行女歌手凯蒂·佩里现场演唱（她被中国粉丝亲切称为"水果姐"，因为她的服装总是带有水果色彩和造型），最后却因故取消。有些网民猜测，因为凯蒂·佩里对美国大选结果非常失望，所以无法到场表演。

我知道，我的许多女同事每天上班时花费很多时间在淘宝网上浏览商品。我不是看了她们的电脑屏幕后才了解到这一情况的，而是通过每天送来的快递猜到了实情。对于工作在中国各地办公大楼的年轻女孩来说，等待快递的到来是每天翘首以盼的一件事情。根据我的实际观察，每当快递员来到办公室门前时，QQ 信号就停止了，就像心跳暂时停止了一样。就连热水机似乎也临时出于敬意，不再发出"嗡嗡""咕咕"的响声。然后她们经常是面面相觑，"又有人在等待快递邮件了吗？""会是谁的呢？"大家的心继续悬着，直到快递员喊出了收件人的名字。如果被喊到的女雇员不在办公室里，有位同事就会冲上去，替她接收快递，然后把包裹放在她的办公桌上，显示出网购姐妹们团结一致的不凡气概。

"你一定要在书里写一写淘宝。"有一次艳艳严肃地对我说，"它改变了许多中国年轻女性的生活，让我们不再那么依赖男朋友，因为我们现在可以即省力又便宜地为自己买东西了。"不过当时她没有提到的是，淘宝究竟在多大程度上改变了她自己的生活。

"今年我准备送给自己一个礼物。"有一天她轻声地对我说。

"什么礼物？"我问道，心里在想不知道她还缺什么家用电器。

"一个宝贝儿。"她回答说。

"啊……"我惊叹道，心里纳闷，不知道淘宝是否还有个叫"淘宝贝儿"的分店。

"如果你想要一个金发碧眼的宝贝儿，运费是相当高的！"

可是当她用手指了指自己那娇小身体的中间部位时，我知道她心里想的是要购买其他东西。

那天下午晚些时候，我和艳艳、瑞安一起去吃饭。瑞安是从美国阿拉斯加州来的同事，我和艳艳同他关系很好。我们吃的是辣白菜、辣青豆、黑胡椒牛肉，还有萝卜泡菜。艳艳一边吃，一边给我们讲述了她那隐隐作痛的卵巢情况。

她的哥哥和嫂子刚生了一个男孩。她很喜欢那孩子（艳艳的哥哥出生在实行独生子政策以前，而艳艳出生在刚要实行独生子女政策的时候）。她要求我和瑞安给她的侄子起个英文名字。我们提议就叫 Jack（杰克）吧。一到周末，艳艳就去远郊看望杰克。她经常给我们看一些胖嘟嘟的小杰克身穿精心制作的婴儿连体装的照片，装扮成龙、老虎、毛毛虫或毛驴。小杰克似乎大部分时间都被在包裹一层又一层的桃皮绒布里。我和瑞安不禁在想，小杰克的父母是否暗地里在用他来擦地板。

但是艳艳却高兴得眉飞色舞。她非常想要一个自己生的孩子！

瑞安问道，"你打算和谁生这个孩子呢？"他注意到艳艳根本不提男人。

"啊，那并不重要。"艳艳回应道，"反正我今年要结婚，所以我会找一个丈夫同我生孩子。"

"你现在有人选了吗？"瑞安问道。虽然我们都相信艳艳有能力自己养活孩子，但是养一个非婚生孩子受到的惩罚会让人感到一点乐趣都没有。前面讲过，由非婚父母所生的孩子无法成为合法的社会成员。

"还没有，不过我会找到的。只要他'靠谱'就行。只要别太能喝酒，有一个稳定的工作养家糊口就行。"

"难道你不想嫁给一个至少你爱的人吗？"瑞安问道。我一言不发地听着，还真有点希望艳艳能告诉我们说，她在淘宝上买了一个充电器插排，可以让她随便什么时候怀孕都成。

"不想了。我太累了，没心思考虑那个。"艳艳说道，"你不知道工作忙吗？"

随后尴尬地沉默了几秒钟。

"你以前恋爱过吗？"瑞安问道。他特别善于打破沉默，问一些咄咄逼人的问题。他是我在中国工作、生活这5年里的忠实朋友。如果没有他，这本书也不可能写成。

"嗯……我想没有过吧。"艳艳说道，脸上浮现出茫然的表情。在我们那次谈话时，艳艳29岁。瑞安和我自然认为她有过恋爱经历。

"你迷恋过别人吗？有过那种紧张不安和头昏的感觉吗？就像仓鼠（hamster）坐着轮子在你肚子里乱窜？"瑞安问道。我们两个人越来越听不懂艳艳所说的话了。

"火腿 - 爆破物？（这里艳艳把仓鼠 hamster 一词听成了两个词"火腿"ham 和"爆破物"burster）"艳艳问道，她感到更加迷惑不解。本来瑞安可以选择比较容易翻译的比喻说法，因为我们两个人当时都想不起用中文如何说 hamster（仓鼠）这个词。不过到最后结果还算不错。艳艳确实喜欢吃火腿，甚至还把自己喜爱的英国球星贝克汉姆（Beckham）称为 Bacon-Ham（咸肉 - 火腿）。对于她来说，把爱比喻成"ham-bursters"也完全讲得通了。

"啊，是的，有过那些感觉。"艳艳说道，"不过还是在上中学的时候。那些事情现在就不合适了。"

刚一开春时我就注意到，艳艳在淘宝网购物的特点开始发生变化。她不再急于把收到的包裹立即打开，也不再与办公室的女同事兴高采烈地谈论她最近购买的那些小商品。她似乎喜欢上了吃鸡蛋。她每天早上都要在办公桌前吃一个煮鸡蛋，把蛋壳扔进装鸡蛋的同一个小塑料袋里。

中午吃饭时，我们甚至都无法让她品尝那些以前我们经常在一起吃的辣菜。凉的东西，比如以前我们有时开心大吃的绿豆刨冰，或者花生泥刨冰，她也不再吃了。没过多久，她就向瑞安和我宣布：她怀孕了。

"这是怎么回事？"我问道，既为她感到非常高兴，也替她担心，因为我们多少了解在中国那些非婚生婴儿的母亲面临的难处。

"我想你们可能知道这是怎么回事了吧。"她有点局促不安地说道，"真的没有经过事先安排。"

在一位朋友的帮助下，艳艳认识了一位也是来自她的家乡安徽省的男青年。他比艳艳小四岁，这使艳艳心里感到不太舒服。他没有受过很好的教育，只干着普通工作，但是对艳艳很好。艳艳一发现自己怀孕了，男友就立即建议结婚。

起初，艳艳对自己怀孕感到很害怕。虽然她真的想要一个孩子，但是这孩子来得不是时候，而且她的家人肯定不看好孩子的父亲。不过既然生米已经煮成熟饭，她便承担起责任，开始准备做母亲了。

在还没有通知家人要结婚的情况下，艳艳和她的未婚夫花费5000元人民币拍摄了结婚照。中国人的结婚照很有特点，一般都在举行婚礼几周前拍摄，新郎新娘的穿着好像是游乐宫服装一样。在我看到的第一张结婚照里，艳艳好像是站在一个大轿车前，身穿缀饰着许多荷叶花边的礼服，向斯嘉丽·奥哈拉（美国电影《乱世佳人》中的女主角）表示敬意。她的未婚夫非常精心地梳理装扮了一番，身穿三件套礼服，戴着中分的假胡须，雄赳赳地站在她身边。在另一张照片中，他们两人似乎是在20世纪50年代美国苏打水商店一样的店面前共同分享着一个汉堡包。艳艳穿着一条狮子狗裙，她的未婚夫背靠着点唱机，回头含情脉脉地看着她。为了拍摄这张结婚照他们让他穿上了配有蕾丝白领，镶着褶边的绿黄色礼服，使他看上去就像一瓶由人装扮成的玛格丽特鸡尾酒。

"他的脸太胖了。"艳艳一边不满地说着，一边翻看他们在一架风车前摆出俏皮的姿势拍摄的各种情景。

艳艳在电脑屏幕上略微把照片放大了一些。"他的面相很和善。"我说道，因为我真是这么想的。

"不要紧。"她果断地说，"下周我们就去结婚登记处登记了。"

婚姻的多种形态

因为感到好奇，想要更多地了解婚姻登记是怎样一个过程，我决定亲自到北京市朝阳区婚姻登记处走一趟。它位于北京市最大的足球场（工人体育场，是强大的北京国安足球队的大本营）对面的一条侧巷里，方便寻找。使我感到非常吃惊的是，这家平易近人的婚姻登记处同时也是离婚登记处。实际上当我跟着别人走过一条很长的走廊，来到了一个里面摆放着 3 张敞开式长桌的房间时，我希望看到至少一对穿着漂亮的恋人在交付 9 元钱登记费（登记为夫妻）。然而我遇到的却是一对勃然大怒的夫妻。从他们的激烈争吵中，我猜测出他们要中断婚姻关系。但是丈夫忘带了一些重要证件，因此那天上午他们就离不成婚了。不言而喻，那位就要变成他前妻的女人很不高兴。

我感觉他们可能要谈一些私事，所以我就回到走廊，随手翻看几本公开展示的小册子。有一本的内容同收养有关，另一本中列出了一些婚姻登记的相关要求。除了出生证明、健康证明、户口和工作单位开出的结婚证明外，我感到很有意思的是，在中国人要同外国人结婚时，还要求中国家长写一封同意自己子女与外国人结婚的证明，在签名下面还要按上两位家长的食指指印。

转来转去，我又朝着行政办公室走了回去，在一个开放式小舞台前坐了下来。舞台上挂着在人民大会堂可以看到了那种红色帷幕，正中央有一个实木演讲台，上面装饰一个插着红色、粉色和白色塑料玫瑰花的大花盆。玫瑰花上落满了灰尘，急需打扫。下面是一个电子显示牌（就像在洋基队比赛中看到的那样），上面可以显示日期和时间。后面是一幅描绘龙凤在半空中相会的大型金黄两色壁画，旁边挂着中国国旗。显然，这就是新婚夫妇拍摄纪念照的地方。我心里在想，这是否也包括在9元钱的费用里面？

我坐在婚姻登记办公室的房门近前，可以听到里面的争吵声越来越大。最后这声音终于小了下来。还没等我来得及掩饰偷听的样子，婚姻登记处的一名工作人员同那位丈夫一起从室内走出，来到了走廊里。她让他坐在了一把面对舞台的椅子上，把他当作一个需要休息的小孩子。"你为什么想要离婚呢？"她站在他的面前严厉质问道。当他颓然地坐在椅子上时，她又摆了摆手指。他回头看着她，一副筋疲力尽的样子，好像是让妻子大声数落得心里都麻木了一样，再也说不出话来。他挠着头皮，好像是嘟囔了一句："我们合不来。"婚姻登记处的工作人员往前凑了凑，开始做他的思想工作。几句话过后，我明白了，她要劝说他放弃离婚的念头。

对此我并没有完全感到意外。直到 2001 年，中国人在可以离婚前必须得到所在单位领导的同意。我曾经遇到一位男士，他 20 年来一直在工作单位负责劝导别人放弃离婚念头。"我通常不赞成这样的要求，两年过后，他们就会重归于好。"他说。我还记得在中华全国妇女联合会网站上看到过一篇文章介绍说，有位婚姻登记处的工作人员因"挽救"了近 240 对要离婚的夫妇而受到表扬。她有自己的诀窍：经常说办公室打印机出了故障，所以当天无法处理离婚文件。显而易见，许多夫妇嫌麻烦就不再来了。

这位结婚登记处的工作人员在文章中受到了表扬，被树立为模范工作人员、模范公民、道德卫士。这本身并不新奇。中国政府一直大力动员各种机构和传媒出版物（中华全国妇女联合会便是其中的一例）推举模范公民，把他们树立为英雄人物。广受称赞的雷锋享有全国性的纪念日，也是全国各地中学生写诗赞颂的人物。每当在社会的某一方面需要提高公众意识，或者影响公众舆论的时候，"道德英雄"便应运而生。我可以想象，表扬也会成为一种推波助澜的传播力量。

在过去 12 年里，中国的离婚率增加了 8%。说来也怪，这几乎相当于直到 2014 年的中国经济增长速度。离婚率并不是中国政府值得骄傲的事情，尤其在北京这样的城市地区，离婚率高达 40%。

为了解决纠纷，正当结婚登记处的一位工作人员在走廊里劝说那位要离婚的丈夫时，另一位工作人员在想方设法稳定住即将同他分手的那位女士的情绪。她显得火气更大。我无法说她那么生气是否有理，也不知道他们离婚的原因是什么，但是她那样对待丈夫太不人道了。她气呼呼地走出了结婚登记处，要求丈夫去另一家结婚登记处当天办理完所需的离婚手续。他同意了，并且说他会回来的。"我不会等你的！"她说着就用手里的一把文件敲打他的头部。我真为他们两个人感到羞耻。

他们离开后，我就趁机同一直处理他们离婚案的两位工作人员攀谈起来。"这种事情经常发生吗？"我先问那位比较年轻的工作人员，她似乎更有可能透露一些实情。

"有时会这样。"她说道，"最近我们遇到了许多离婚案件。在大多数情况下，我们都要让他们重新考虑自己的要求。"她接着解释说，她的工作就是询问一对夫妻为什么要离婚。有时夫妻两人拒绝讨论这个问题，要求当场离婚。还有些时候他们会回来三四次，最后决定继续生活在一起。

年龄稍大一些的那位工作人员觉得她的同事不应该回答我提出的问题，于是便走了过来。

"你刚才看到的那对夫妻应该继续生活在一起。他们有着共同的希望。"她解释说，两眼放光，似乎是在观演审定一部婚姻童话。"他们有个7岁的儿子。"

她对我说，这一家婚姻登记处非常自豪地每天办理五六对新人的结婚登记手续。不过她没有告诉我每天受理多少离婚案件。我感觉她要对我说一些套话。正在这时，有位保安找她有事，所以便省了一番口舌。我想重新在年轻的工作人员那里试试运气。因此，我改变了提问方式，问她最常见的离婚理由是什么。

"闪婚。"她解释说。也就是两个人刚刚认识不长时间就结了婚，这可能是最常见的离婚原因。我从张梅那里曾经听到过这个说法，她也跟我讲过一位闪婚朋友的经历。她和丈夫已经领了结婚证，成为合法夫妻。可是就在举行婚礼前，他们却离婚了，因为他们对于如何安排婚礼活动意见不一致，争吵不休。

第二个原因是个人的问题，我们可以把它称为"不可调和的分歧"。家庭问题是她提到的另一个原因，"即使夫妻两个人能合得来，如果他们双方的家人合不来，他们的婚姻也长不了。"

"裸婚"是张梅向我介绍过的另外一种婚姻。它指的是两个没有什么财产的恋人（通常非常年轻）之间的结婚——没有汽车，没有住房，也没有其他必备的基本条件。一般说来，这样的婚姻被视为浪漫的婚姻，因为男女双方更看重彼此间的爱情，而不是每一方带来的财产和资源。这样的婚姻在 2011 年首映的高收视率中国电视剧《裸婚时代》中被美化了。不过广大公众舆论认为，尽管这样的婚姻理论上显得美好，但很少有人愿意在生活中付诸行动。"如果男人不肯在她们身上花钱，大多数传统的中国女孩都不会相信他的爱情。"张梅说道。

第九章

——

物质基础：车子、房子、钱

春节结束了。因为女儿不大可能很快回哈尔滨让他们劝着结婚当妻子，所以张梅的父母又提出了一个方案。

"如果你不准备回家结婚，我们就希望你在北京结婚。"她的母亲认真地说，"为了帮你这个忙，我们决定给你在那里买一套房子。看目前房价这形势，很多男人都买不起住房。有一套自己的住房，就能使你成为条件更好的妻子。"

听到这个消息，张梅好像一个善于应对催婚的老手一样及时做出了反应。她很孝顺地表示同意先看看房价，然后再向母亲详细汇报一下情况。一周后，母亲再次打来电话：

张梅母亲：你看过房了吗？

张梅：看过了，都太贵。最好等房价降下来再说。

张梅母亲: *对呀,我们也听说了。注意观察形势吧!*

实际上张梅一次也没有看过房。使她感觉受到伤害的是,父母认为甩掉她这个包袱的唯一方式就是给她置办一份嫁妆,然后吸引一个没房的男人同她结婚。另外,她决心不让父母在北京买房还有一个还比受伤的自尊心本身更深一层的真实原因:"他们只能给我给买远离北京市中心的住房,这么一来,我通勤上班的时间就会增加一倍。再说我可能要同一个陌生人住在一起。因为一旦我的父母经过千辛万苦给我买了一套住房,他们绝不会再让我长期不结婚的。"

我思考了一下张梅目前的居住环境。她也知道不理想,那只是个一般的房间,但是离她的办公室不算很远,她可以单独住在那里。她能按着自己的时间表生活,如果想看电影可以很晚才睡。房租并不贵,到月末她还能剩下一些钱来购物,或者同朋友们一起出去吃火锅。她也知道这不是个长远之计,然而她毕竟经过一番努力才达到这种独立生活状态,很想再享受一段时间。

在经过第一次谈话后不久,中国媒体上纷纷报道着这一消息:北京房地产市场创下历史新低。的确是新低,然而只持续了几周时间。不过张梅的母亲还是听到了风声。"周末去房屋中介那里看一看!"她在一次匆忙的电话通话中这样督促女儿。

张梅又一次巧妙地处理了问题。"是这样，不过降价只适合于北京居民。像我们这样的外地居民只能出高价。"她向母亲这样解释道。虽然这样说不完全对，但是北京的户口制度非常复杂，张梅的母亲不可能看出什么破绽。

中国现在的户籍制度始于20世纪50年代，其目的是控制人口流动。这对于当时新兴的计划经济来说被视为一项必要措施。这项制度在管理上非常严格，直到20世纪70年代末，凡是要迁居外地的居民必须得到当地政府的批准。如今中国公民可以自由流动，只要自己愿意将只在户口管辖区内有效的卫生保健和福利等受益服务留在当地就行。把农村户口（比如张梅那样的户口）转为城市户口，在黑市上要花费15万元人民币，而且在北京和上海那样的一线城市难度很大。

使户口升级的最快捷径就是婚姻。如果农村女子同拥有城市户口的男子结婚（或者反过来），那么来城市里生活的配偶也就从此有了城市户口。同住房，汽车与工资一样，适当的户口也成为在婚姻上讨价还价的重要砝码。例如，拥有北京户口的男子可以更容易地将孩子送到北京的学校念书，而且费用更低。他也更容易在北京购买住房。虽然管理条例经常发生变化，但是没有北京户口的外地人必须证明自己已经在北京生活并且交纳了若干年所得税，然后才有资格在北京购买住房。而且他们可以得到的贷款方案也不太有利。

拥有城市户口可以使城市生活更容易。结果，拥有城市户口的男子很吃香。如果没有城市户口的女子同有城市户口的男子订了婚，她向朋友们介绍自己的未婚夫时常把城市户口列为重点内容。在外人看来，拥有城市户口的女子（比如琼和克里斯蒂）眼光高，因为她们拥有的较高居民地位意味着她们最好应该和拥有同等地位的男子结婚。在这个等级制度中处于极其不利地位的又是外来人员。他们缺乏理想的户口或城市房产（北京男子可从家里人那里继承房产），因此在找对象时处于讨价还价的最不利的地位。他们就是张梅的父母认为张梅可以吸引到的那些人。在北京一无所有的外地人，当然非常希望同已经在北京有住房的外地人结婚。

为了审视一下张梅父母的思路，我们应该知道，中国男人作为丈夫的理想条件经常从以下三点来加以衡量：房子、车子和钱。这三点被称为三大要求，有些中国女人（但经常是她们的家人）将它们当作找对象的物质基础。但是想找一个拥有这三个基本条件的男人越来越难了。

在城市中，一个年轻男性大学毕业生的平均年薪大约是7.2 万元人民币（1 万美元）。北京或上海一套住房的平均价格每平方米大约为 2.5 万元人民币（3600 美元）。一辆好一点的小汽车平均售价（不包括上海要求交纳的 9 万元人民币牌照费）大约为 15 万人民币（2 万美元）。要想买得起一套面积为 70 平方米的住房外加一辆小汽车，这位大学毕业生大约需要 200 万人民币（28 万美元），相当于刚毕业起薪的 28 倍。显然，在结婚前他的实际收入同他被期待的收入不相符。一般的中国单身者结婚前在购买住房上普遍面临着很大压力，甚至专门有一个词来形容他们：房奴。房奴并不是指被家务劳动束缚住的女人，而是指为了能够买得起房必须拼命工作的男人，自然也包括妻子。大多数情况下，父母也会伸手帮一把，有时为了帮助儿子买房，甚至会花光他们的积蓄。当父母不具备这个经济能力时，通过婚姻进入张梅那样的家庭也许是个更为方便的选择。

对于张梅来说，未来的对象是否拥有住房远不是一个男人应该具备的重要条件。她的理想是，与一位能和她开心生活在一起的人共同购买住房。但是父母在追着赶着要让她匆匆结婚成家的过程中，这一点根本不可能实现。他们想都不愿意想。

孝顺比纯洁更重要

"快递小哥和洗碗工在中国没法谈恋爱。"艾薇说道，"只是因为太费钱了。"她在少年时期爱上了来自家乡成都的一个男人。但是最终她结束了这段恋情，因为他所受的家庭教育一般，而艾薇却想为自己、为家人争取一份更好的生活。她离开家去上大学，后来找到了一份很赚钱的工作，依靠男性客人出手相助过上了舒适的生活。同时她也往家里给父母汇去了很多钱，甚至还在北京购买了一套住房。她心里想得越来越多的一个问题是：有一天她会同谁一起生活在这套住房里。

艾薇心里一直很清楚，总有一天她会成为妻子。这既是父母的期盼，也是她本人的需要。不是为了爱——她坚信自己已经度过了生命中的这个阶段，而是为了稳定的生活，为了有机会成为母亲。"我最开心的事情就是将来可以陪着自己的孩子在美国读书。"一天晚上在吃饭时她也对琼吐露了自己的心愿，"让她享受我不可能拥有的一切教育机会。我很想有一个像你这样的女儿。"

尽管难以想象艾薇如何从情妇变成妻子和母亲，但是这种可能性越来越大了。最近有一位比她大几岁的男人向她求婚了。他也知道艾薇同其他男人有染，尤其是同一个已婚男人关系很不一般，但是他要求他们统统靠边站。作为富二代，他非常有钱。有一次，他竟故意开着他那辆80万美元的奔驰豪车撞上了一个漂亮女孩驾驶的保时捷后部，为的就是要到她的电话号码。我可以有把握地说，许多女人要是有机会嫁到这样的富豪之家肯定会眉飞色舞，心花怒放。但是艾薇却有自己的顾虑。

首先，她知道男方家庭会找她的麻烦，因为她自己不是出身于同样富有的家庭。即使未来的婆婆稍微表示反对，也会使艾薇感到不悦。艾薇一直想嫁到一个死人比活人还多的家庭里。

她已经使自己和父母在经济上有了保障。但是嫁入这样的富豪之家会使她的经济保障更上一层楼。这对她来说非常重要。为了探探风头，她同意陪着向她求婚的那位男人去马尔代夫度假。

新闻记者詹姆斯·帕尔默曾经打趣地把情妇称为"卧室里的罗宾汉"，意思是说她们干的是劫富济贫的事情，济贫既是济她们自己，也是济她们的家人。美国有个学者曾以独特视角向读者们介绍和诠释了中国娱乐与卖淫行业的真实状况。在KTV当小姐的都是来自贫困家庭的女子。利用从男性客人那里得到的小费和礼物，为家人购买药品、衣物、住房，或者家人需要的其他一些物品。

交易似的婚姻

在我去印度采访报道后，同一位名叫艾略特的中国朋友吃了一次午餐。他游历甚广，雄心勃勃，在北京一家国际私人股权公司担任顾问。对中国蓬勃发展的电子商务市场，他一直是了若指掌，颇有见地。饭吃到一半时，我们谈起了百事公司首席执行官卢英德（Indra K.Nooyi）。我提到了前不久读过的一篇采访卢英德的新闻报道。在这篇新闻报道中，她描述了当天发现自己被任命为美国一家跨国公司首席执行官时的情形。晚上10点钟，在工作了漫长的一天后，她正在开车入库时，母亲让她把车倒开出来，去买一些牛奶。母亲为什么不让女婿去买牛奶呢？他不是从晚上8点后一直在家吗？他累了。雇来的帮手呢？她忘了问。所以卢英德只好自己出去买牛奶。她一回到家里，就把一箱牛奶"砰"地一下放在柜台上，紧接着把自己晋升高官的大好消息告诉了母亲。"你可以是百事公司总裁，你可以是董事会成员。"她母亲回应道，"但是你一走进这个家，你就是妻子，你就是女儿，你就是儿媳妇，你就是母亲。这些你都是。没人可以替代你。把那该死的桂冠扔在车库里吧。"

我很想知道在这种情况下中国男人会持何种立场。于是，我就问艾略特怎么看这个问题。"在中国我们不会遇到这个问题。"他说得非常实际，"因为那女人已经离婚了。"

接下来，他便飞快地说出了一连串以前那些女老板的名字。她们全都是离婚的单身母亲，每天在金融行业最高层长时间狂热地、忘我地工作着。"她们经常把孩子带到办公室里。"他说道，一副不为所动的样子，然后他耸了耸肩膀，似乎在说这就是宇宙的意志。

2016年，北京超过纽约成为世界亿万富豪之都。发生这样的变化，原因在于白手起家的中国亿万女富豪越来越多。如今在全世界124名白手起家的女亿万富豪当中有93位是中国人，占了2/3。

艾略特说得没错，相当多的中国女富豪都离婚了。但是更加值得关注的是，她们的平均年龄都在 46 岁左右。也就是说她们出生在 20 世纪 70 年代。虽然很难说她们青年时代那种比较明显的中性环境对于她们最后的成功究竟起了多大促进作用，应该指出的是，中国有超出一半白手起家的女亿万富豪是在历来由男性主导的房地产业、金融业和制造业发家致富的。

除了中国女性能够独立赚钱谋生外，我们还要考虑另一个同样重要的现象，即在中国继承家族财富的女性越来越多。女继承人继承巨额家族财富的一个突出例子就是杨惠妍。她是房地产开发集团碧桂园控股有限公司的董事局副主席，也是最大股东。

她的父亲杨国强原来是一位种水稻的农民，农闲时在工地上当砌筑工。后来他在故乡广东省买下空地开发房地产，从而发家致富。杨惠妍 25 岁那年，父亲把 70% 的公司资产转到她的名下。那是 2007 年，碧桂园的 IPO（首次公开募股）刚刚在香港证券交易所上市不久。如今，杨惠妍 37 岁左右，身家近 1500 亿，是世界上最年轻的女亿万富豪，也是亚洲女首富。

从中学时代起，杨国强就一直培养杨惠妍（三个女儿中的二女儿）在家族企业中发挥重要作用。她年纪轻轻就开始参加董事局会议，后来在美国俄亥俄州立大学获得市场营销与物流专业学位。杨惠妍回到中国后在他父亲的公司里担任采购经理，一年后又被任命为执行董事。

奇怪的是，杨惠妍 24 岁时结婚，也就是在她继承父亲财产的前一年结婚。有人认为，这是由于杨惠妍的父亲不想让女儿冒险嫁给一个可能会劫持家族财产，或者剥夺女儿掌舵人大权的男人——《唐顿庄园》中的马修·克劳利也有这种想法。为了将这种风险降到最低，据说经过精心物色才选中了陈翀做杨惠妍的丈夫。他们是在一次相亲过程中认识的。陈翀拥有清华大学博士学位，同杨惠妍一样，也是在美国获得了学士学业。他是东北某省高官的儿子，他的官二代身份同杨惠妍的财产可谓门当户对。他更倾向于搞学术研究，所以不会插手家族生意。另外他在中国的顶尖大学接受教育，这也使杨惠妍脸上有光。杨惠妍虽然也受过良好教育，有巨额家资，但是出身于农民家庭。

杨惠妍和她的丈夫在社会地位与经济实力方面的门当户对逻辑，体现出中国婚姻市场上的变化趋势。为了获得适当的婚姻条件，男人仍然要拥有住房、汽车和相当数量的存款，但是女人通过继承财产或勤奋工作，也在越来越多地拥有这三样东西。结果就出现了经济学家张晓波和魏尚进所说的"锦标赛效应"，也就是说，正当男人为了在婚姻市场上处于有利地位必须努力获得明显的物质条件时，女人通过同样的方样可以增加她们嫁进比自己更富有的家庭的机会。

但有时这种情况也会产生事与愿违的结果。有位朋友跟我讲述了她表妹冰（音译）的亲身经历。这位年轻女子来自北京的一个富有家庭，即将要嫁给一位她深深爱着的男人。他也富裕，在北京拥有一套住房。不过他的那套住房同女友家里拥有的住房相比，面积小了很多。他要是知道了这种情况，肯定会不高兴。所以直到结婚前几天，冰才跟他透露了自己拥有一套大型公寓的情况。听到这个消息后，他感到非常沮丧。他并不是为女友比自己拥有更显赫的财产而烦恼，而是他知道自己的家人会很窝火。一开始，他的父母甚至扬言不会在婚礼上为他们祝福。在最后时刻，终于提出了一个精明的解决办法。结婚后小夫妻俩搬入新娘拥有的那套大型公寓去住，将丈夫购买的那套住房出租。收到的所有租金直接交给新娘的父母，意在强调他们的儿子不是依赖媳妇活着。

在另外一起同房产有关的婚姻案例中，结局却不那么美好。我在研究中结识的一位熟人黄女士，跟我讲述了下面这对恋人的亲身经历。他们在二线城市相识恋爱，最后决定结婚。在拍摄完结婚照后，他们开始策划婚礼活动，然后再安排双方父母见面。

"在中国我们并没有'婚约'。"岳女士解释说，"对我们来说，双方家长见面商议结婚条件就算是正式订婚了。"她特别强调双方父母达成协议对于确定婚事的重要性。

在这个案例中，由于男方的家境比女方优越富裕得多，所以在商议结婚事宜时一开始就不顺利。他的父母主动提出要为这对新人提供一套住房，但却按着中国流行的做法，要求在房契上只填写儿子的名字。如果这只是强调儿子正式"户主"地位的一种手续，女方父母很可能就默认了。但是男方父母的这个要求却有更深一层的含义。

2011 年，婚姻法修正案规定，在离婚时婚房只属于名字写在房契上的一方。提出这一修正案的原因是，中国政府认为很多父母拿出终生积蓄为儿子买房；一旦儿子以后离婚，让前妻得到一半房产，男方父母就会吃大亏。如果说采取控制措施，防止有人通过投机婚姻迅速获得房产是一种合理举措，但是这一修正案却非常不利于出资帮助购买婚房，但是名字却没有写在房契上的一方。按着中国通行的做法，无论由谁出资购房，婚房房契上经常填写男方的名字。这意味着男方虽然只支付了部分房款，但是最后却独自占有住房，这使前妻非常吃亏。

在这个婚姻案例中，住房已经属于男方家庭，女方不必再出钱交付房款。但是作为一种保护措施，她的父母却要求将她的名字写在房契上。他们认为将女儿视为婚姻的平等受益人才是公平的；如果小两口离婚，他们也不想让女儿陷入困境。男方父母回应说，女方的家人"要求太过分"，于是就取消了这门婚事。

为了解房产所有权对中国人的婚姻有多大影响，值得注意的是，中国国务院宣布各地政府必须严格执行一项规定，要求房屋所有者在出售第二套住房时交纳 20% 的售房所得税。一时间，房产管理部门前被挤得水泄不通，人们都希望在新规定生效前将自己拥有的第二套房产卖出去。此时，在上海与中国其他大城市的婚姻登记中心，要求离婚的夫妇骤然大增。仅在北京，2013 年前三个季度的离婚率比上一年暴增 40% 以上。有几家国外及当地媒体报道指出，离婚率骤然大增的原因是拥有第二套住房的夫妇急于分手（至少在理论上），这样他们就可以声称各自只有一套住房，在将第二套房产卖掉时就不必交纳所得税了。接受采访的大多数夫妇都表达了在出售第二套住房后还要复婚的愿望。也有一些受访者只是把新法规作为分道扬镳的借口。在能够推测出最终这种泡沫对于婚姻市场将会产生什么影响之前，重要的是要了解一下为什么事情发展到了这一步。

1998 年，私人房地产市场刚刚诞生时，中国仍处于经济发展的高峰时期。出口贸易繁荣，经济不断发展，足以支持雇用数百万从农村涌向大城市的农民工。在 2009 年以前形势仍然非常乐观。但是到了 2009 年，中国的经济增长已不再是真正意义上的增长。大约正是在这一时期，中国政府开始向国内经济注入巨额信贷。这一次注入的信贷总额接近 5 万亿美元，可通过国家支持的银行以贷款形式获得，实际上在很大程度上都被政府的关系户吸走了。他们后来利用这些贷款投资各种项目。然而，由于这些贷款容易获得，代价也低，并非所有投资项目都经过深思熟虑，随后出现了一些不负责任的投资，特别是在基础建设项目上。这些投资方向有误，并没有真正促进中国的经济增长。

大型商场的建筑就是一个实例。它们遍布中国各大城市，光鲜亮丽，也许可以象征着中国人不同凡响的购买力。然而其中许多却是空荡荡的，犹如鬼城。有时甚至向零售商们免费提供摊位，以吸引顾客。虽然从理论上说，建设大型商场可视为对经济增长的一种贡献，但是只有在大型商场的建设所产生的经济总值超过其建设总成本的时候，才能被视为真正的经济增长。如果没有出现这种情况，这些所谓推动经济发展的"投资"最后就会成为永远无法偿还的银行贷款。

是谁在为这些投资失误买单？正是那些花高价购房的人，即中国消费者。佩蒂斯解释说，由失误的投资造成的亏损刚刚显现出来，因为这些损失原来就隐藏在贷款当中。"在很长的时间里，本来应该破产的许多公司却没有破产，他们是政府的关系户，所以才能够不断贷款。亏损继续增加，不过亏损是隐藏在贷款当中的。"他说道。

中国的银行把钱贷给了错误的投资者，本应该承担货款者无法偿还的贷款损失，但是他们却通过将债务转嫁给中国普通家庭的方式来弥补这些损失。银行对中国普通家庭储户付给极低的利率，然后就可以将储户存款以非常有利的利率贷给投资者，这样就赚回了他们无法偿还的贷款。

最基本的问题是，三年前存款利率可以自由浮动时，中国储户存放在银行里的存款每年都在贬值。储户们拥有的钱越少，他们消费能力就越低；他们的消费能力越低，经济就越不可能依赖消费推动增长，必须更多地依赖以政府信贷为基础的投资。这样的投资并不总会产生积极的增长结果。

情况开始发生变化，中国领导者表示，在为不负责任的投资提供资金方面要减少国家的所起的作用。但是至少在目前，开发商们仍在继续建房，房地产价格仍在继续上涨，这使得单身男人苦不堪言。他们在结婚前仍然还要有拥有住房和汽车，但是许多人两样都不可能拥有。他们最后只好依靠父母帮忙。只要有经济能力，父母总会出手相助。

但是作为交换，父母在儿子找对象的问题上拥有很大的决策权，却不太关心儿子的爱情问题。他们比较重视婚姻给家庭带来的荣誉和财产。尤其是因为中国缺乏社会保障，这使得子女（许多都是独生子女）成了父母的未来依靠。结果，往往是两个年轻人供养四个老年人。从工资低，通货膨胀率高的情况来看，这也不足为奇。但是由于父母必须存钱，拼命工作，为子女的未来做出巨大经济性牺牲，所以子女的婚姻也应该有助于确保父母在晚年享有社会、经济和情感方面的良好待遇。

只有从那个时候起，夫妻俩才能开始过上幸福的生活。

第十章

———

观念碰撞：东方和西方的差异

琼的韩国恋人在烹饪学校受过训练。因此在他们第一次约会时，他建议星期六下午去他的公寓里上一堂烹饪课。琼一到达那里，就看到厨房一尘不染，里面精心摆放着案板，烹调用具，装着各种调料的小碗，简直令她眼花缭乱。"我忘了买蘑菇了！"刚一开始做菜时他这样说道，"我得去下面的商店跑一趟——先不要动。"

　　这时琼开始意识到，她对于这位韩国男人了解得很少（他的柜台上放着一把又大又锋利的切肉刀）。她觉得这是进一步了解他的好机会。她本着刨根问底的劲头，决定迅速查看一下他的公寓。她先从他的卧室看起。一号壁橱里摆了一些西服，全都是那么笔挺漂亮。领带都挂在一个木架上，井然有序，从冷色到暖色领带一字排开。鞋也摆放得很整齐，上面打了蜡，光彩照人。怎么会是这样？他有脚臭吗？她把鼻子贴近了一个米色皮拖鞋上闻了闻。居然有一股檀香味！也许网球鞋更能说明问题？她从壁橱后面取出了一只网球鞋——显然，这里根本就找不到脚气的痕迹。

虽然琼大肆窥视一个男人的壁橱也许有些过分，但是不要忘了，中国的约会文化才刚刚起步。在美国，20世纪初汽车的发明极大地促进了约会文化的发展。约会不同于传统的求婚，在传统的求婚过程中，男方要亲自去女方家拜访同她见面，而且她的父母经常陪伴左右。在中国，直到20世纪50年代自行车开始普及时，才发生了类似的变化。年轻恋人骑上自行车，可以逃避长辈的目光和影响。当年在美国以非常发达的苏打水店，电影院和歌舞厅为特征的约会文化彻底改变了青年男女的交往方式。不过在中国还没有出现这种约会文化。结果，单身男女不太明白社交规则，不知道如何同自己的恋爱对象相处。

因此，琼也不知道以其他何种方式才能深入了解那位让她有些神魂颠倒的韩国男人。于是，她便拉开了写字台最上面的那个抽屉。一张身份证，照片照得不错。他只有28岁吗？她绝不会猜到是这个年龄。看上去好像是医疗报告的一叠纸放在了一个透明文件夹里。她用了片刻时间看了看里面的朝鲜文后意识到，这是一份头皮检验报告。他的头发里所有矿物质含量均属正常。

在浴室里，琼发现了许多 BB 霜、爽肤水、润肤膏、精华露和防晒霜，这些全都整齐地摆放在柜台式桌面上。她担心那位挑剔的韩国男友很快就回来，所以她决定回到厨房里。等一下，床上放着的是什么？是一部手机！看一看也不会伤着谁，只是确定一下他在首尔那边没有妻子和孩子。手机上没有设密码保护，可是里面的所有内容都用韩文写着。照片呢？飞快浏览后，没有发现任何可疑之处。

回到厨房后，琼打开了冰箱，要装出一副他不在时她一直在忙碌的样子。又发现了更多的护肤霜和精华露！这些用的都是小型容器包装，甚至有一些还装在了眼药水滴管里。琼开始觉得这位韩国男人太过于讲究美化自己了。他最后提着一袋香气扑鼻的蘑菇回到了公寓里。

"我非常入迷地看着他做菜做饭。"琼说道，"我忘记了他那一堆鞋和每天早上他必用的美容护肤品发出的可怕气味。"

琼被他给迷住了。她说那天度过了一个"迷人的下午"。现在她正在焦急等待着，用手机询问什么时候再能见到他。

中了爱神之箭

经过好几个月的高强度工作后，克里斯蒂也很想再次交友约会。她最近又有了一位新的名人客户，一直不停地往来于北京和南京之间。她的这位新客户是一位中国女演员，正在南京拍摄一部电影。克里斯蒂的一些同事主动提出把她介绍一些单身男子，但是她每次约会后都不想再去了。她见过的那些男人按理来说还不错，只是大多数约会都像是商务谈判一样，一点也不浪漫。"你准备什么时候要孩子？"有位约会的男子在他们第一次见面大约三分钟后这样问她。在吃饭的过程中，他向克里斯蒂亮出了自己的结婚时间表。他计划最晚在6个月内结婚。他还絮絮叨叨，令人心烦地说起他如何有能力在北京三环内购买了一套住房，而且一再强调他选的地址是北京最好的房地产地段。吃完饭后，他提议让克里斯蒂陪着他回新家看看。克里斯蒂被他的建议吓了一跳，记得当时满腹狐疑地看了他一眼。"我要给你看一看我父母帮助我准备好的幼儿卧室。"他说道，"我们甚至还从澳大利亚订购了一批婴儿奶粉（2009年一批有毒的婴儿奶粉造成6名婴儿丧生，33万婴儿患上重病。从那以后进口奶粉就成了信得过的金牌奶粉）。""我父母正等着抱孙子呐。一定要让他们的孙子什么都得用最好的。"

等他说完上面那些话时，克里斯蒂的脸已经变得像奶粉一样白了。她记得自己表示抱歉地从桌旁站起身来，感谢约会她的那位男士请她吃饭，然后就快步离开了餐厅。那天晚上的事情，使她想起了以前的一位同事对她讲过的一段应该引以为戒的亲身经历。那位同事曾经迫于压力嫁给了一位她并不十分了解的男人。结婚后不久，她就怀孕了。她刚一生孩子，婆家人就占用了那间闲着的卧室。她的婆婆让她坐月子（这是一个古老的中国传统）。坐月子这一习俗在中国大陆，台湾和香港仍然广泛流行。其背后的理由是女人生完孩子后身体非常虚弱，需要特别关照，好好休息，加强营养。坐月子的规矩历来由婆婆负责执行。最严格的规矩要求刚刚生完孩子的女人 30 天内不得洗澡、洗头、刷牙或出门。她们必须待在床上，从头到脚包裹起来——无论什么季节都要穿袜子，戴帽子，一天吃 6 顿传统饭食。这些饭食主要包括鸡蛋、汤、猪蹄、鸡肉和鲤鱼。饭食必须是温热的（不能吃冰淇淋），熟的（连生水果也不能吃），里面不能放盐。

如今略微更新的坐月子规矩也变得司空见惯了。比如，有的妇女"不守规矩"，在生完孩子一周后（而不是 30 天后）洗澡，或者用特制的棉牙刷刷牙。但是克里斯蒂以前的那位同事解释说，她的婆婆非常严厉地执行最传统的坐月子规矩。另外，她的婆婆全面负责看护新生儿（是个男孩），让他睡在硬枕头上，这样可以把后脑勺睡成平的。一些中国老年人认为这样更好看。虽然孩子妈妈三番五次据理力争，要让孩子自然发育成长，但是白费口舌。没过多久，孩子的后脑勺就睡成了奶酪刨丝器的形状。

克里斯蒂心想，在找对象时最好把外国人也包括进来。随后她注册了美国在线约会社交网 OKCupid（如意爱神）。在中国，这家网站的用户既有中国人，也有外国人，包括不少生活在北京、上海那样大城市中的海外侨民。克里斯蒂非常诚实地填写了个人资料，甚至也没有隐瞒自己的年龄。我认为她这样做非常好。她上传了一张在一次公关活动中拍摄的个人倩照，还上传了一张在海滩拍摄的个人倩照——她的身体大部分都浸在海水里。

在浏览了那家网站几分钟之内，她发现了几位自己也许有兴趣约会的男士。另外她还偶然看到了一位熟人的丈夫，他似乎想利用这个网站交一交桃花运。

"我只想找一个善良，诚实，有点品位的人。"她说道，"我觉得我遇到的大多数中国男人都没怎么见过世面。他们只是盯着现成的打钩题，并没有认识到恋爱关系比那要丰富得多。"

正当克里斯蒂继续尝试在线交友约会时，张梅则在经历着一场出乎意料的线下恋爱。

我也有几周时间没有见到她了。我在她工作的那所学校里的中文课程刚一结束，就把她聘为我的私人教师了。只要日程安排允许，我们就见面，但是在初春时节约课一直不容易。直到我们终于见面时，我才知道为什么：我的那位通情达理、坚持不懈的中文教师被爱神丘比特的箭射中了。

当然，她必须以此为内容给我上一课。

她说："恋爱有三个阶段，第一个阶段是'有好感'，第二个阶段是'喜欢'，第三个阶段是'爱'。"

"你现在到了哪个阶段？"我问她。她俏皮地绷着脸看我，就像我念错了语调，或者写汉字忘记了笔划时她表现出的那样。接着她拿过我的笔，在我的笔记本上，在"喜欢"和"爱"之间画了一条短线。

我可能比张梅身边的人更了解张梅所面临的婚姻压力。两年多来，我听她对我讲过父母多次催她回家结婚。我知道她的家乡有多小，我也知道她做了多大努力要回到家乡。虽然她知道父母认为是在为她着想，她也不希望自己显得忘恩负义，甚至是不孝，但是父母为她设想的那种生活并不是她向往的生活。她经常说，"我不想讲自己的事。"我早就察觉到，虽然她一直在努力给自己多争取一点时间，最终她还会按着家里的期望去做。她似乎并没有许多别的选择。

在上次过春节没有雇成男友以后，张梅的母亲就提出过要来北京帮她看房。如果找不到合适的住房，最后会让张梅在下学期开学时回到哈尔滨，因为那时，在她小时候的住地附近有所学校又会出现教学岗位空缺的情况。

张梅对父母表示过同意这个计划，直到一个偶然的教学任务把一切安排都打乱了。

"他是我的学生，他是个日本人。"张梅对我说。

张梅说，爱上他是很自然的事情。她以前也有过许多日本学生，但是对他们的亲近好感从未超出过偶尔喜欢青少年流行歌星的程度，因为对她来说他们太年轻了。我问她这个日本男人为何与众不同。"他不吸烟。我这个年龄的亚洲男人85%都吸烟，所以难得遇到一个不吸烟的男人，我非常开心！"她一开口便不假思索地说出了这些话，"而且他很和善。"

"他甚至长得都不好看。"她补充说，"但是他很和善。"她说上课后他们经常一起去吃午饭。他向张梅介绍意大利面条和烤宽面条这两种美食（从那以后她就喜欢上他了），以及各种不同的日本料理。"每当我的面条里有一些我不喜欢的蔬菜时（张梅不喜欢吃西葫芦），他就从我的盘子里夹出来把它们吃掉。"

吃过午饭后，他们就会去购物。"他喜欢打高尔夫球，所以我就陪他去高尔夫球具店。他经常让我试试有趣的帽子和球鞋，还向我介绍不同的俱乐部。"

张梅在对我讲述这些事情时，还想否认对于这个日本学生有特殊感情。但是我几乎可以看到多巴胺（一种影响情绪的物质）在她的大脑里活跃跳动着。

"不想他都很难。"她最后承认道，"但是我知道不应该这样——我们不会有未来。他刚刚回到日本。"

我想让她乘飞机去东京，但是在这样不理智地行动之前，他们还有几件事需要处理。这位日本男子在北京的工作合同已经到期，但是他还没有近期返回中国的打算。他曾经要同张梅严肃地谈一谈以后彼此如何相处，但是张梅打断了他，因为她觉得同一个学生发展恋爱关系不合适。如今她已不再是他的老师。更重要的是，她后悔当初没有再往前走一步。

张梅从没离开过中国。她有一份护照，那是因为她曾经想与其他同事去韩国度假，但是她们的计划没有实现。几年来她一直想要出国旅游。她向自己许诺过，结婚前一定要出国看看，因为她生怕自己最后嫁给一个不愿意外出旅游的人。由于工作需要，学校要派她去往泰国和印度尼西亚管理开设的中文学校，被她拒绝了，因为她自己一个人不敢走那么远。但是这一回她却要认真考虑独自去日本。

中国人要想获得去国外旅游的签证常常很难。我认识许多已经取得外国护照的人（例如通过在国外投资），这样他们就可以更加自由地出国旅行。然而张梅只有一个中国护照，因此为了能够获得签证，她必须能够证明自己在银行至少拥有20万人民币存款。张梅并没有这么多的存款。"我想过这个问题，于是决定求父母帮忙，父母知道旅游是我在结婚前一直要做的一件事情。我想他们会支持我的。这是我必须做的事情，为了我自己，也为了能够有机会遇到一个自己喜欢和他相处的人。即使没有任何结果，我必须知道至少我尝试过了。"

张梅的决心令人钦佩。我知道她的勇气是受到了强烈感情的激励。但是我知道她也有很强的头脑可以冷静地分析事物，应对失望的能力。"如果我的恋爱毫无结果，我就会用办签证的 20 万元人民币作为在哈尔滨购房的现款。"

在她爱上这个日本男人近两年前，张梅曾经跟我讲过她姐姐张晨的亲身经历。她姐姐在 22 岁时嫁了给高中时期的恋人。她同丈夫订下了一个协议，至少 5 年内不要孩子。如果到时候她仍然不想当妈妈，他们同意就不再要孩子。她的丈夫没有反对。所以张晨才根据这些条件同意和他结了婚。婚后不久，她丈夫的姥姥经诊断患有癌症。医生对病情的预断非常严重。老人家尽管非常坚强，也预感到大限将至。临终前，她表示想抱一抱曾孙。

张晨不知如何处理这个要求。此前她曾经坚决表示至少在结婚后前 5 年不要孩子。眼下甚至连两年还没有过去。她的婆婆没有别的要求，只想让不久于人世的母亲高兴，恳求张晨改变主意。她不达目的绝不罢休。又过了几个月，她最终提出了一个方案："你把孩子生下后交给我。一切费用我们承担，我们照顾孩子。你生完孩子后什么都用不着管。"在万般无奈的情况下，张晨和丈夫只好做出让步。他们的孩子（是个女婴），在曾祖母去世 3 个月后出生。如今这个小女孩取名佩（音译），已经 8 岁了。她几乎一直由奶奶和姥姥带大。爸爸和妈妈在不同城市里分居几年，现在正要离婚。

佩的许多同学都同祖父母生活在一起，因为他们的爸爸妈妈都外出在大城市里打工。所以她并没有感到有什么不同。她只是敏锐地感觉到，小女孩不如小男孩受重视。

在中国常听人说，小孩子只要看一看孕妇的肚子，就能准确说出怀的是男孩儿还是女孩儿。当然目前还没有实验证据表明他们有这个能力。但是这并不能阻止有人让他们试一试。佩4岁时，就这样试过一次。她仔细看了看姑妈圆圆的腹部后沉默了片刻。在别人的督促下，她开口说里面是个男孩。几周后孩子出生了。是个女孩。当他们去看新生儿时，她悄悄地对奶奶说，当时她知道会是个女孩。"那你为什么说是男孩儿呢？"奶奶问，"我想姑妈要是知道怀的是女孩，她会不高兴的。"

在中国，只有4岁的小女孩就知道她们不如男孩受欢迎。这一发现使我感到非常沮丧。我时刻铭记着佩在如此幼小的年纪就已经意识到性别"差异"，在认识张梅所面临的处境时也没有忘记这个小女孩被迫出生的缘由。她的未来并不完全由自己决定。婚姻更像是股东会议，许多不同意见都想占上风，影响最终结果。我完全支持张梅前往日本，但是我也理解她面临的一切都在把她拉回哈尔滨。

从头再来

日子一天天过去，我那位喜欢网购的孕妇同事——艳艳的身材也变得更圆了。虽然每天早晨她都很尽责地吃着鸡蛋，甚至还往豆奶里添加特殊蛋白质，可是她还是开始显得疲惫，也感到疲惫。她怀孕将近三个月了，仍然没有告诉家人和大多数朋友，甚至也没告诉老板。而且她的工作比以前更忙了。这些因素对她都产生了不良影响。

然后有一周，她一连3天都没来上班。她发短信告诉我，由于出现了一些怀孕综合征，她在医院住了一段时间，现在已经回家，没事了。一连好几周，我又在办公室里见到了她。每天她都在吃鸡蛋，并开始穿上宽大的衣服，遮盖自己越来越胖的身体。怀孕后她一直都是小心翼翼，直到5月初，她就不来上班了。我没有听到任何消息，也联系不到她。我只是事后才知道，那个发育中的婴儿的心脏有致命缺陷。

艳艳完全垮了下来。为了迎接这个小生命的到来，她做了许多精心的准备，非常渴望能够亲自抱一抱这个小宝贝。医生对她说可以再尝试一次。但是她已经失去了一个婴儿，这让她对自己的生育能力产生了怀疑。她表示怀疑的另一件事就是不断临近的婚事。虽然在她怀孕期间，她的未婚夫一直守候在她身旁，但是失去孩子似乎并没有对他产生任何影响。

她后来对我说：“在我失去了非常宝贵的小生命后，我看到他这样无动于衷，这使我怀疑我们是否还能合得来，孩子没了，就好像已经没有任何事情能让我们再继续待在一起了。”

最终她取消了婚事。

流产后，艳艳辞去了工作，回到家乡住了 3 个月。9 月里又回到北京攻读硕士课程，开始在一所大学里做兼职工作。她留了一个很新的发型，开始穿上更加富有青春色彩的服装（当然是在淘宝上购买的）。当我们最终安排好时间再次见面时，看到她显得那么富有活力，我非常高兴。"我又成剩女了。"她耸耸肩微笑着说，"不过这对我来说是个更好的选择。"

第十一章

其他情况：亚洲其他国家的单身女性

本书大部分篇幅都在重点探讨中国的问题，但是若声称只有中国这个世界上人口最多的国家才拥有独具特色的一套影响婚姻恋爱关系的文化、政治和社会因素，那就大错特错了。然而，更加不明智的是，有人认为世界上只有中国女性正在重新安排成年早期的时间表，选择进一步提高受教育水平，追求事业发展，然后再结婚生子。实际上，几十年来亚洲各国一直在发生着类似的变化。

在日本，25 岁以上的未婚女性以前被称为"圣诞蛋糕"，意思是说，她们就像是一过 12 月 25 日就失去吸引力的节日甜点那样。2003 年，她们又有新的称号："败犬女"。目前，以上两种称号已经被更为流行的"新年面条"所替代。这一称号又多给了上述日本女性 6 年的时间（每年代表圣诞节后的每一天）。限期一到，她们就不再会受到多少关注了。

如果当前的统计数据能够说明问题的话，日本也许很快就会成为一个"面条"国家。20世纪70年代，年龄在25岁至29岁的日本单身女性不到20%。如今年龄在30岁以下从未结过婚的日本女性猛增至65%以上。未婚女性比率增加的一部分原因可能是结婚年龄的推迟，但是在很大程度上，这些数据表明日本女性越来越不想结婚。如今，35岁的日本未婚女性接近35%，而在1970年只有7%。在一个非婚婴儿出生率不到2%的国家里，这些数据有助于解释为什么日本是世界上生育率最低的国家之一。

为了更好地理解日本婚姻率下降的经济环境，值得注意的是，在1965年到1980年间日本被视为一个"经济奇迹"。日本的名义GDP从910亿美元猛增到4.8492万亿美元，暂时成为继美国之后的世界第二大经济体。但是到了20世纪80年代中期，日本的房地产价格飞涨，达到了危险程度，股票贬值，信贷扩张失去控制。所有这些因素，最终导致资产价格泡沫在1992年破裂。自20世纪90年代末期以来，GDP的增长率几乎一直不足2%，人口增长非常缓慢，以致于在日本销售的成人纸尿片比婴儿纸尿片还要多。联合国有关统计数据表明，日本目前的1.27亿人口到2100年将缩减到8300万，那时人口中的35%的年龄都在65岁以上。工作人口与退休人口的比例已经开始下降，从而减少了日本的社会保障系统所需资金的税金来源。另外，没有任何迹象表明日本的生育率会很快反弹。对于一个当前债务总额相当于经济规模两倍的国家来说，这绝不是一个小问题。

在日本人口不断减少的压力下，日本前卫生大臣柳泽伯夫在一次讲话中鼓励国内的"生育机器"尽最大努力提高生育率。前不久，东京都议会里的几个男性立法委员嘲讽了一位日本女政治家。当时她正在就产假和不孕问题发表讲话。"你难道不能生育吗？""赶快结婚吧！"……风言风语劈头盖脸地向她袭来。

日本在提高生育率方面想出来的其他馊主意还包括以下一例。日本爱知县的一位当地官员建议，把扎破的避孕套秘密地分发给年轻夫妇（这也许是政府部门需要更多女性的原因吧），"猎婚（konkatsu）"活动也将突然增加，尽管成功率是有限的。"猎婚"这个词由日本社会学家山田昌弘首次提出后，成为 2008 年的一个流行词。此外他还首次提出了"寄生单身族"这个词语，用来形容那些和父母生活在一起，节省生活开支，把更多的可支配收入花在自己身上的单身者。2008 年前后，从酒吧（单身者夜场）到寺庙到处都在举行猎婚活动（寺庙里为寻找婚姻好运的单身者提供专门的茶道服务）。据《华尔街日报》报道，就连日本职业棒球队也卷入了猎婚热潮当中，向观众提供"猎婚座席"。这些座席本着速配约会的精神设置出来，可使男女观众在每局比赛当中轮流就座，这样他们便可以在整场比赛中见到好几位新人。

在一定程度上，猎婚填补了由雇主留下来的空白。在经济非常繁荣的年代，雇主们出资组织公司内部交友相亲和有关的旅行活动，帮助未婚员工与同事建立恋爱关系。公司鼓励内部员工相互恋爱结婚，这听起来好像是个巨大的负担（即使不是公司灾难），但是日本的情况有所不同。日本女职员大多从事文职工作，因此刚刚结婚不久的同一公司的男职员的妻子经常会辞职，把职位留给新来的女秘书，后者又会嫁给本公司其余的单身男职员。

20 世纪 90 年代，日本首次进入经济衰退期，上述企业文化也开始发生变化。可以说日本如今面临着同样的经济衰退。美国威斯康星大学白水分校的社会学副教授吉田爱子（音译）认为，经济衰退迫使各家公司减少了为员工举办的业余活动。这意味着在本公司内部找对象的机会也大大减少了。办公室里的恋情仍然可以发展，肯定不会受到公司干预。但是考虑到日本男女职员经常不在一起工作的情况（男职员在一个地方做重要的工作，女职员在另一个办公室或办公室的另一处做文职工作），他们不会有太多的机会交往恋爱。陷入经济困境，也意味着公司会停止招聘员工，从而减少了优秀男性职员的数量。停止招聘员工在那个时代的日本表现得特别明显，大多数男人都有可能在整个职业生涯中为同一家公司效力。他们一旦被招聘进来，因为有劳动法的保护，很难将他们解雇。结果，各家公司不会辞退身价更高的资深职员（由于经济形势不稳定，他们愿意晚点退休），只能暂停招聘年轻职员。

在公司组织的活动没有收到促进恋爱结婚成效的情况下，日本的传统相亲活动——单身男女通过父母、亲属或中介（同中国很相似）的介绍相识相爱——则是另一种找对象的途径。如今相亲活动已不再流行，因为恋人们更喜欢浪漫的婚姻，排斥"看上去不错"的单调相亲活动。然而现在即使浪漫的婚姻也难以实现了。

"我几乎看不到单身男人……我想他们是否真的存在。"有一位参与吉田爱子科研项目的46岁的人士说道。这个研究项目的题目是《浪漫机会不再有：日本的企业文化、性别分工与单身人口的增加》。研究结果来自对年龄在25岁至46岁之间的40名女性的深度采访。她们当中28人单身，其余已婚，全都居住在东京或东京附近。这项研究成果（最近已经扩充成一本同名专著）深入揭示了日本经济及其工作文化如何导致了婚姻萧条和生育率低下的问题。

日本工薪阶层面临的各种工作生活要求均得到了详细记录，具体包括固定不变较长的工作时间，与同事喝到深夜以促进办公室里的和谐关系，要求对公司极为忠诚的论资排辈的体制，以换取提拔晋级与终生的工作稳定。这些职业要求都不能使养家变得容易一些，又因为日本还有一个怪癖：不赞成女职员请求奶奶、姥姥或者外人照看孩子。因此日本很多女性在生完孩子后普遍辞去工作。原因是有些母亲就是不愿意工作。"三餐一觉"，操持家务被视为很有吸引力的生活方式，胜过履行办公室里的工作要求。《华尔街日报》引用35岁的办公室职员赤松由里子（音译）的话说："我要结婚的原因是有时我想辞职。结婚就像是一个长期的工作。"

虽然在吉田爱子的研究中，许多已婚女性表达了对自身婚姻的不满，有些单身女性听完已婚朋友讲述的不快经历后感到心灰意冷，但是接受她采访的大多数女性还是想结婚。事实上大众媒体表明，最想逃避婚姻的人不是日本女性，而是日本男人。日本的"食草男"似乎越来越多了。他们对"肉"，对婚姻，对找女友毫无兴趣。这个称号也用来指那些已经丧失"男子汉气概"的男人。生活网（Life net）组织的一次民意调查表明，75%的20多岁和30多岁的日本单身汉也这样称呼自己。包括吉田在内的一些学者们认为，所谓"食草男"现象只不过是媒体的一种夸夸其谈，意在引起公众的道德恐慌。但是也有几种狂热理论试图解释食草男在日本出现的原因。其中包括日本哲学家森冈正博的如下观点，即"食草男"是日本战后和平时期的产物。日本在二战后没有参加任何战争，因此日本男人失去了当兵磨炼阳刚之气的机会。森冈正博认为，长期的和平岁月使日本男人失去了英武锐气，变得软弱温文，就是在求婚当中也是如此，实属悲哀。另一种理论认为，日本人沉溺于漫画当中，致使日本男人更喜欢幻想中的女人，对现实中的女人没有兴趣。

暂且不提沉迷漫画说和战争磨炼阳刚之气说，日本"食草男"的出现很可能同日本经济衰落，以及对就业机会感到日益失望有关。年轻男子亲眼看见了日本工薪族的衰落，也理解由于社会无法提供相应的就业岗位，家中主要（或唯一）养家糊口的人面临的极大压力。根据《日本时报》记者庄司香（音译）的一次非正式调查结果，"食草男"不积极追求女人的一些常见原因是"太费事""没钱"，或者"累人"。也许因为日本女人没有"撒娇"的传统，在"食肉"的日本女性越来越多的情况下，日本男人更加感到软弱无能，容易受伤。这些"找肉吃"的日本女性的显著特点是在性行为方面比较大胆露骨，性格外向，凡事积极主动。

但是日本女性在积极主动的行为方面也有一定的限度，尤其在职场当中。爱玛·钱勒特埃弗里和丽蓓卡·尼尔逊在为美国国会研究中心所写的论文《日本女性经济学概述》（*Womenomics' in Japan : In Brief*）中指出，日本公司仍然普遍实行双轨式招聘制度，分别招聘专业技术精英职员和行政管理人员。由于非常重视职员的长期供职年限，而且人们认为大多数女职员有了孩子以后就会离职，所以没有几家公司愿意投入时间精力招聘培训精英女职员。这常常意味着即使还没有孩子，女职员也被指定从事"办公室女文员"工作，这对于她们的职业前景有着巨大影响。根据最新数据，在日本招聘的精英职员当中女职员不到12%。由于结婚或怀孕的原因女职员常常离职，因此日本女性的劳动参与率就像是一个 M 型曲线。在将近 29 岁和 49 岁之间通常是最富有成果的职业年华里，日本女性没有多少人仍在工作。

日本社会里存在的"孕妇骚扰"现象使问题变得更为复杂，这使怀孕的女职员有时由于遭到老板或同事的欺凌而被迫辞职。后者认为，新生儿母亲一休产假，自己就得承担额外的工作。根据法律，日本应该为新生儿父母提供为期一年 66% 的带薪假期。但是经常发生"孕妇骚扰"现象的事实（估计有四分之一的孕妇遭到过骚扰）表明，不少雇主不愿意提供这样的带薪假期。

考虑到日本女性面临的就业困难，也难怪世界经济论坛发布的《全球性别差距报告》指出，日本的女性就业率在 144 个国家当中名列第 80 位，排名高于塔吉克斯坦，低于安哥拉。由于日本首相下令推行了一些结构性改革，日本的上述排名已经比前几年有所提高。

为了全面地看问题，应该记住，日本首相安倍属于日本保守的自由民主党，他并不总是提倡有助于鼓励日本女性参与就业劳动的改革与政策。事实上，据《经济学家》报道，在 2005 年正当上一届政府采取措施进一步促进日本社会的平等时，安倍警告保守党同僚们：如果女性获得公平的待遇，就会损害日本文化和家庭价值观念（想象一下混乱的局面吧！）。其中一个主要担心的问题是，随着更多女性就业，本来就不旺盛的生育率就会受到不良影响。然而，事实恰恰相反。在世界各地，较高的女性就业率同较高的生育率之间几乎一直存在着正向相关性。

"这听起来也许不符合直觉，但是具体数据摆在那里。"高盛日本公司首席日本战略专家松井凯西说道，"在大多数发达国家，也包括整个日本，较高的女性就业率同较高的生育率密切相关。"

松井凯西在美国加利福尼亚州萨利纳斯市的一个花卉农场里长大。1986 年，她在扶轮奖学金的资助下首次去日本游学，从那时起一直在日本工作。1999 年，为了在男性分析师一统天下的领域里脱颖而出，她亲自撰写了一份具有开创性的研究报告《女性经济学》（*Womenomics*）。她在报告中认为，女性更多地参与劳动就业可对日本的经济停滞形势起到补救作用。当时达到工作年龄的日本女性只有 50% 就业，她将这种现象比喻为"只用一条腿跑马拉松"。

从那以后，松井凯西一直被公认为提出"女性经济学"这个术语的第一人。时至今日，她仍然坚定地提倡这一概念。她还经常撰写最新版本的同一主题报告，不断提出新建议，希望不仅在人数上，而且在工作类型上继续加大女性就业力度，丰富实际内涵。松井凯西的研究工作还得到了日本首相安倍的认可，他将一些相关内容吸收到名称有类似的"安倍经济学"当中。安倍经济学是 2012 年推出的一套经济政策，建立在财政刺激、宽松货币政策和结构改革这"三支利箭"上。

安倍认识到，减轻女性的就业压力就不会使国家走上道德败坏的黑暗道路。于是他便办了几件利国利民的好事。由于大力推进女性参与劳动就业新目标，开设急需的日托与放学后儿童托管机构，开放引进外国佣人（日本有着极其严格的移民政策），女性参与劳动就业的形势有了起色。目前总体比率为66%，比美国稍高一点。不过松井凯西很快补充道，日本女性更有可能做兼职工作，工资也比美国女性低。"对日本而言，这仍然算是一个进步。"她说道。

松井凯西解释说，在女性就业方面政府鼓励增加透明度，进一步设立目标，鼓励拥有 300 名以上职员的公司公布担任领导职务的女性数量。她指出，"各家公司在法律上没有义务这样做。但是在日本这样一个同质化社会里有很大的服从统一压力，因此可以办到。"

日本有一项陈旧的法律，通过向配偶年收入不超过 9500 美元的任何人（通常是男人）提供扶养亲属免税额，阻止已婚女性全面参与劳动就业。这项法律也得到了修改，免税门槛由原来的配偶年收入 103 万日元提高到 150 万日元（将近 1.4 万美元）。

虽然这是一个友好的表示，但对于一个拥有众多高技能女性的国家来说还远远不够。

日本在第二次世界大战中战败后被盟军占领，原先很大程度上把日本女性束缚在家的封建制度也转变为现代制度。在日本实现非军事化和民主化的过程中，20 岁以上的女性均获得了选举权，原来禁止女性接受高等教育的法令也被废除。从 1949 年起，从原来不授学位，只招收男生或女生的高等学府，升级建立了 300 多所男女同校的大学。在东京和奈良还建立了两所国立女子大学。根据日本教育部发布的统计数据，从 1960 年至 1980 年，四年制女大学生的比率由 2.5% 上升到 12.3%；从 1990 年到 2000 年又增加了一倍多，由 15% 上升到 31%。如今上大学的日本女性达到 46.5%，男性为 54%。

在理解这些数据的同时，重要的是应该看到，日本女性接受高等教育不一定是为了获得高薪或者追求崇高的事业。"这种情况有些像 20 世纪 50 年代的美国，接受教育是将来找个中产阶级丈夫，或者做个'学位太太'的手段。"吉田爱子说。她提到了在 20 世纪 80 年代自己认识的几个女孩的亲身经历。她们都在两年制名牌大学读书，这可以使她们有机会在日本一流公司做文职工作。她们做这种工作并不仅仅是为了同心仪的工薪族男人相识结婚。再说日本父母督促女儿们接受教育也不是为了看上去更像个贤妻良母（能够操持家务，帮助教育子女）；接受教育被认为是精明女孩的理想经历。

虽然这种社会文化已经不再表现得那么明显，但是理想的家庭主妇标准仍然存在。我的好朋友棵小曼（Manya Koetse）是一位汉学家，也是"微博热点"（What's on Weibo）主编。21世纪初，她在日本读高中。她对我讲述了自己的挚友久美子的亲身经历。久美子是一位英语老师，最后嫁给了一个居住在离她家有5小时路程的小镇上的男人。久美子在她丈夫居住的小镇上既无朋友，又无工作，所以她就学起了烹饪和家政课程。许多女孩结婚后都在学习这种课程。棵小曼说道："真是难以置信，10年前，同我一起上学的女孩都吸烟，穿着超短裙在大阪的酒吧里做陪酒女郎。如今，她们却纷纷把自己给丈夫做的美餐照片传到脸书和Instagram（照片墙）上。"为丈夫和孩子做午餐是妻子应尽的重要义务，也是有些女性同丈夫沟通交流的一种方式。时常有一些关于"报复性午餐"的报道，说的是妻子通过很有创意的烹饪语言表达对丈夫的不满。有些妻子把海带丝切成文字图案（例如切成日文片假名图案アホ，意思是"白痴"），然后将其巧妙地摆放在一层大米饭上；还有些妻子用一些不那么可口的饭菜来惩罚丈夫，比如采用生鸡蛋，再堆上一些黄色玉米（用筷子吃起来准是很好玩啊！）；或者送上一份难以消化，用许多酸酸的腌李子搭配的午餐。

由于传统的性别分工角色仍然存在，难怪在日本追求事业的女性经常被斥责为"没有女人味"，找对象时经常面临着困难。

吉田爱子强调说，许多事业型女性都想结婚，但是由于很少接触到心仪的男人，她们仍然过着单身生活。值得是注意的是，日本男人因为工作繁忙，在丈夫对于家务贡献的全球指数方面一直排名垫底。

我在此提到日本，是因为它可以作为中国的前车之鉴。与日本一样，中国也经历了一个被视为"经济奇迹"的时期，目前正进入增长缓慢阶段，其中的原因各有不同。中国前些年一直扮演世界工厂的角色，如今力图使本国经济摆脱依赖重工业和廉价出口的倾向。这是因为劳动力成本在中国已经上升，促使各家公司在越南、柬埔寨、老挝、缅甸和泰国那样的国家里寻求成本效益较好的商业机会。另一个原因是，中国领导人渴望本国对全球经济做出更加高端的贡献。

因此，中国已经开始转向知识含量较高的出口模式。但是为了在这方面获得成功，中国必须依靠全国人口的支持。在经济蓬勃发展的年代是这样，当时城市化热潮使数百万农村居民涌向城市地区，在成为中国经济增长主要驱动因素的制造业十起了各种工作。现在更是这样，因为质量比数量更重要。经济增长绝不再是数字游戏，它关系到才能、人力资本以及能够产生收入、富有工作成效、自身购买力足以刺激国内消费的社会成员。

若论谁最有潜力帮着中国向前发展，显然受过良好教育的年轻女性是中国未来不可或缺的有生力量。让她们全面参与经济建设既是社会需要，也是经济需要。这包括让她们发挥出教育与职业方面的潜能，不必担心这会影响她们的婚姻前景，这也不意味着她们注定会过上不幸的独身生活。

日本当前存在的许多经济与人口难题，可以说其原因在于未能让女性充分参与国家经济建设。根据日本国际事务与通讯部公布的数据，即使现在只有 44% 的女性做着全职工作。高盛公司的研究结果表明，如果日本女性的就业率与日本男性相同，日本的 GDP 就可以增长 13%，极大地缓解因人口减少而面临的压力。但是问题还没有完结。

在韩国，30 多岁（或者年龄更大）从未结过婚，而且至少受过 4 年大学教育，有自己的职业，而且年薪高于平均水平的女性，被称为"金小姐"。这个称谓虽然比"剩女"或"新年面条"听着顺耳一些，但是也体现出同样多的韩国女性没有喜结良缘。她们仍然单身的许多原因与中国和日本女性相同，比如有更多接受教育的机会，不愿意放弃自己的职业成为家庭妇女等等。但是她们决定不结婚的后果却是一样的。

韩国与日本相同，也处在人口危机的边缘。到 2026 年，65 岁以上的韩国人将达到 1070 万，占全国人口 20% 多。同日本一样，日益减少的劳动力在竭力养活着日益老龄化的人口。由于医疗保健的进步，老龄化人比以前寿命更长，因此在较长时期内也需要各种生活资源。与此同时，韩国人口刚刚开始缩减。

首尔国民议会组织的一次非常超前的模拟结果表明，到 2750 年韩国人有可能灭绝。韩国的经济繁荣发展年代从 20 世纪 70 年代一直持续到 90 年代，比日本晚不到 10 年，已经成为过去，GDP 增长徘徊在 2.5% 左右。为了防止人口继续萎缩，韩国政府在缺乏良策的情况下，只能渴望国民多生一些孩子。

不过 50 年前，韩国则是另外一种截然不同的景象。朝鲜战争结束后，韩国经历了一次婴儿潮，使本就陷入绝境的经济雪上加霜。当时美国鼓励韩国限制人口增长，韩国对此言听计从。美国国际发展署通过捐赠经过改装的军车，资助建立了一些流动诊所。医生就在这些流动诊所里为韩国妇女安放宫内避孕器，做绝育手术。另据玛拉·维斯滕达尔在那本令人不寒而栗的《不自然的选择》（*Unnatural Selection*）一书透露，当时甚至还发生过强迫绝育和流产的事情。那些负责计划生育的工作人员，每次解决问题都能领到报酬，因此他们干劲十足，一定要完成控制人口的任务。

到 1970 年，每位韩国妇女的总体生育率从 50 年代的 6.33 下降到 4.71。1980 年，这个数字进一步下降到 2.92。男女比例失调大约也在同一时期出现。事实证明，韩国同中国一样也受儒家价值观的影响，重男轻女，更喜欢儿子。

20 世纪 80 年代，韩国新掌权的军方领导人全斗焕认识到计划生育是件大好事。它已经成为吸引大量外国援助的缘由，全斗焕一心想借此机会多捞一些油水。"两个孩子也算多"，这样的计划生育新标语出现在由世界银行3千万美元贷款资助的一队流动诊所车上。与此同时，国际复兴开发银行还提供了数百万美元援助。由于采取了这种更加严格的限制措施（虽然没有成为法律，却是一种严厉要求），男女比例失调现象变得更加严重。到1999年，韩国男女比例失调程度全世界最高，新出生的男女孩比例为116：100。韩国把这个记录一直保持到2004年，当年中国新生儿男女比例失调再破纪录，达到121：100。

令人大为吃惊的是，从韩国新生儿男女比例严重失调，到2007年却恢复了正常。"在世界现代史上，只有韩国在出现了很不正常的男女新生儿比例后，又将这个比例恢复到正常程度。"维斯滕达尔写道。为取得这一成绩，韩国大力开展了促进男女孩价值平等的公众教育活动。另外韩国父母看到生男生女确实都一样，这一点也有帮助。随着经济发展逐渐消除了男女之间的不平等现象（在接受教育和劳动市场方面），韩国父母更愿意生养女孩，因为这样做不再会吃亏了。

尽管生育率又回到了正常水平，但是前几代人的男女比例失调程度仍然对社会产生着影响。从1980到1984年，出生的同龄男孩比女孩多出25%。对于90年代出生的孩子来说，男女失调比例更高。不出所料，上述男女比例失调现象导致男性人口过剩，每7个男人当中就有一个找不到对象。

因为韩国的男女比例失调程度比较小，而且控制得较好（中国剩男人口更多，有五分之一的剩男找不到对象），所以韩国人一直能够比较容易地减轻由男女比例失调带来的负面影响。同中国一样，韩国剩男绝大部分也都居住在农村地区。在城市里20岁至39岁之间的男女比例基本正常，比例为103∶100。但是在农村地区，同龄男女比例为119∶100。这是因为同中国光棍一样，在韩国头一胎出生的儿子都要留在家里种地，照顾年迈的父母，而家里的其他人（包括年轻女子），只要条件允许全都涌向城市，利用韩国的工业化经济发展时期打工赚钱。男女比例失调也产生了对外国新娘的需求市场。这些外国新娘大多数来自越南农村地区，是中国与韩国剩男的激烈竞争对象。

韩国的"剩女"，即"金小姐"有着截然不同的生活境遇。她们主要集中在城市地区，而且与中国剩女一样，生活富足（即使不令人羡慕）。她们的"金贵"地位同独生女的优势并没有多少直接关系，因为大多数家庭都有两个孩子。但是经过数百年青睐男孩之后，韩国家庭又开始宠爱女孩。

这种反转趋势的一个促成因素当然是经济发展水平。韩国男人要拥有婚房，而在首尔和釜山那样的大城市里购买婚房花销巨大，令人望而却步。如同日本一样，韩国因为经济放缓，原先由大公司就业岗位提供的社会保障和工资大打折扣，而且工作非常辛苦，要求职员绝对忠心耿耿。韩文中的 Kwarosha 和日文中的 Karoshi 指的都是"过劳死"。目前两国都面临着严重的"过劳死"问题。

除了经济衰退所产生的不良影响外，韩国人还要应对两年的强制性兵役。有人认为，这使女性在劳动就业方面享有不公平的优势。也许这是事实。在 25 岁到 29 岁这个年龄段，韩国女性的就业率高于韩国男性（工资只有男性的 52%）。不过在那之后情况就不一样了。

许多韩国女性在 30 多岁时就要辞职，当 10 年左右的家庭主妇，然后在 40 多岁时重返职场，通常都是干一些工资比以前低的工作。虽然她们不像日本女性那样面临着职场的性别歧视，但是她们要承担大多数家务劳动。丈夫的工作时间和下班后晚上的社交时间同日本男人相比一点都不少，所以也顾不上家里的事情。韩国人在教育方面表现出的狂热劲头，这就又加重了养育孩子的责任。韩国这个半岛国家土地有限，自然资源有限，所以在激烈竞争的就业市场中极为强调人才。为了保持竞争力，大多数孩子都参加校外学习班，学习数学、英语、科学和历史课程。在国际学生评估项目考试成绩中，韩国学生在世界各国考生中一直名列前茅。这在很大程度上是因为他们接受过额外训练，父母的监督也非常严格。

考虑到在韩国为人妻母的各方面要求，就不难理解为什么韩国"金小姐"的数量自 20 世纪 80 年代以来只增不减。当时年龄在 25 到 29 岁之间的韩国女性 15% 未婚。如今这个年龄段的韩国女性未婚率高达 70%。韩国女人到了 39 岁时,仍有近 15% 过着单身生活。在未婚者占全国人口不到 1% 的国家里,以上数字明显体现出摆脱婚姻生活的倾向。

"当女性的工资上调时,更多女性会选择单身,而不是嫁给传统型的丈夫。"黄智秀解释道。她目前是首尔的韩国外国语大学助理教授。她在哈佛大学攻读博士学位时,分别研究过韩国、日本、新加坡和美国的女性高等教育和婚姻状况。她发现在亚洲的"四小龙经济"中,受过大学教育的女性结婚的可能性明显下降。日本在 20 世纪 60 年代至 80 年代,韩国在 70 年代至 90 年代,新加坡在 60 年代至 90 年代均实现了突飞猛进的经济增长,使更多女性参与了劳动就业,也使全职雇员中的男女收入中位数(median earnings)有所增加。

在考虑上述情况时应该注意到,在本国经济飞速发展时期,虽然韩国和日本的女性工资相对男性工资而言有所增加,但是目前还很不如人意。在世界经济论坛《全球性别差距报告》中列出的 144 个国家当中,日本和韩国分别列第 111 位和 116 位。新加坡列第 55 位,中国列第 99 位。然而黄智秀写道,"从 1985 年至 2006 年,在日本、韩国和新加坡年龄为 25 岁至 34 岁的女性参与劳动就业的比率增加了 17 个百分点。"她还指出,在这同一时期的美国,女性参与劳动机会的比率只增加了 5 个百分点,增速缓慢得多。

"我们这一代女性与上一代相比，同母亲并没有多少相似之处。"黄智秀说道。她于20世纪80年代中期出生在韩国。"我们可以获得高级学位，可以追求事业，这与我们多数母亲的选择大相径庭。"她补充说。虽然许多韩国女性有时被迫在以事业为重，还是以养家为重方面做出选择（两者兼顾很难做到），但是至少也有一些成功的女性楷模证明，追求事业之路是行得通的。

在婚姻方面，黄智秀认为，"由于性别标准没有市场变化快"，韩国和日本的男人仍然难以理解女性在家庭之外所担当的现代角色，因为这些角色同他们从小看到的那些女性角色截然不同。

为了检验她的理论是否成立，黄智秀分析了日本综合社会调查中提出的下述问题的回复结果：

1. 如果丈夫有足够的收入，妻子最好不去工作。
2. 丈夫应该去赚钱，妻子应该操持家务，照顾亲人。
3. 如果父亲和母亲都工作，学龄前儿童就会受苦。

她发现，如果自己小的时候母亲在工作，男人不同意上述观点的可能性大约增加5个百分点。如果母亲是一位大学毕业生，男人不同意上述观点的可能性增加10个以上百分点。换句话说，她的研究结果支持了如下观点：母亲的工作经历和受教育程度会影响儿子的性别态度以及对婚姻的期待。这表明，母亲正在工作或者读过大学的男人更有可能同妻子建立起平等关系。至于父亲所受教育程度会产生何种明显影响，目前尚未得到有相关统计数据的证明。

虽然看到母亲可以影响儿子对于传统性别角色的理解鼓舞人心，但是黄智秀认为，其中也存在着问题。如果韩国许多受过良好教育、正在工作的女性不结婚或者没有孩子，她们就无助于培养新一代男人，帮助打破婚姻与就业市场互不相融的局面。

幸运的是，有一批李尤娜那样的女性目前正在努力使另类思维方式变成主流思潮。作为致力于推进韩国女权文化行动主义的非政府组织 Unni Network 的领导者之一，李尤娜同其他300 名成员齐心协力，共同支持那些生活在传统婚姻制度以外的女性。其中包括异性恋"金小姐"、女同性恋和变性女人。"女人也是人。我们的生活不能局限在小家庭里扮演贤妻良母的角色，"她说道，"这就是我们要在社会里树立起的应有态度。目前未婚女性仍被视为不正常的另类。"

为了宣传推广这一思想，这个团体举行过各种活动，甚至还首创了"我们想封上的嘴"嘲讽奖颁奖仪式。以往的"获奖者"包括韩国前总统李明博，他曾经说过，"我反对堕胎，除非孩子有残疾。"还包括议员崔永熙，他因骚扰一位女记者而声名狼藉，后来却振振有词地说，"我当时喝醉了，还以为她（指女记者）是餐厅女老板呐。"

在 Unni Network 出版的《B 套方案》中（首尔市政府提供了部分资助），作者鼓励读者参与测试，检验一下他们在传统婚姻限制以外的生存能力。根据测试结果，可将读者分为软豆腐型（需要翻动油煎才能使外皮硬起来）、西瓜型（比较有韧性，但是仍需努力）与核桃型（随时以胜利者姿态面对世界）。

就那些想要结婚成家，但是被要付出代价（职业的、经济的，以及其他方面的代价）吓得望而却步的女性来说，应该承认韩国政府已经做出了积极努力，尽量处理好工作与生活之间的平衡关系。政府已经延长了父亲假期（不过只有很少的新生儿父亲申请过这种假期），增加了对公立和私立幼儿园的援助金额。另外还对每个孩子提供补助，实行税额优惠政策，尽管这方面还有改进的余地。

"政府部门需要加大力度，进一步推进有关儿童看护以及处理好工作与生活平衡关系的各项政策。"黄智秀说道，"如果他们能够保证父母在工作的时候，他们的孩子可以得到妥善照看，那么在传统的性别角色方面就会发生一些变化。"

目前还不能确定那样重大的过渡时期可能需要多长时间，不过黄智秀仍然抱有希望。"我奶奶仍不相信，父母现在可以像喜欢男孩那样喜欢女孩。"她说道，"但是当人们看到女孩在学校和就业市场上表现同样优秀，他们的想法也发生了变化。"最后她补充说，"它可以再次发生变化。"

新加坡的国庆生育之夜

世界各国政府在限制或促进人口增长方面可谓机关算尽，花样迭出。但是只有 540 万人口的小小岛国新加坡却表现得最有创造性。

自 1984 年以来，新加坡的社交发展署一直努力开展工作，设法使国内受教育程度最高的女性与受过同等教育的男士结婚生子。这一促进举措的依据是新加坡前总理李光耀提出的一个观点："如果你有两匹白马，你就可能繁育出白马。"新加坡是一个多民族国家，富有活力的国内人口中包括中国、印度人和马来人。对于这样一个国家来说，"白"这个词用得不妙。然而更为不妙的是，李光耀还补充说，有时两匹灰马也能生出一匹白马，但是"非常罕见"。

最初，社交发展署（SDU）隶属于现在的社会与家庭发展部。成立社交发展署的目的是"促进婚姻，树立一种文化观念，使单身者将婚姻视为人生最重要的目标之一"。另外，成立社交发展署也是对 1980 年一次人口普查结果做出的反应。那次人口普查表明，许多受过高等教育，年龄在 40 岁以下的新加坡女性仍未结婚。普查结果还表明，女性受教育程度越高，生养的孩子就越少。新加坡政府将其视为一种请求帮助的表现。前总理李光耀担心，受过良好教育的女性生养的孩子数量减少有可能导致社会与经济衰退。他承诺政府会采取强有力措施，扭转这种令人吃惊的不利趋势。

社交发展署的英文缩写是 SDU，很不幸，居然同三个英文单词"single（单身）、desperate（绝望）、ugly（丑陋）"的缩写撞车了。除此以外，社交发展署刚开展工作时并没有大获成功。它所针对的那些念过大学的女性感觉很受伤，因为她们的个人生活突然间变成了公众谈论的话题。那些没有读过大学的女性（尤其是她们的父母）甚感不悦，因为政府在劝说那些读过大学的男人不同她们结婚。尤其使她们感到愤怒的是，她们交纳的税金正被用来资助那些由社交发展署组织的巡游、烧烤野餐、舞蹈课，以及其他相亲活动。大学毕业的公务员有时甚至还能请假参加这些活动。在社交发展署成立一年后，又成立了一个姐妹机构——社交发展服务中心，以帮助那些"灰马"，或者说没有读过大学的单身者解决婚姻问题。说来有趣的是，上述所有情况都发生在新加坡的邻国中国和韩国正在全力推行计划生育国策的时候。

社交发展署在第一年开展工作时花费近 30 万美元，只促成了两桩婚姻。尽管成功率暂时很低，但随着时间推移，通过社交发展署组织的活动而成功牵手结婚的夫妻数量开始不断增加。到 2000 年初，这一机构报告说它已经促成了 3 万多对恋人的婚姻。虽然很难说这些婚姻当中有多少离开社交发展署当初的帮助不会成功，但是上述数字更有助于证明这一机构确有存在的必要。

2006 年，社交发展署认识到亮出自身的官方背景很有价值，于是便对私人部门开放。从那时起，社交发展署不再组织交友约会活动，而是成了为私人公司确认经营资质的机构。其中包"午餐约会"公司，这是一个专业平台，依靠一些交友约会顾问，在共进午餐时为从事专业工作的单身者牵线搭桥，使他们能相识相爱。另外还包括一家名号彰显，但现已不再运营的公司——"让情侣们约会"。2009 年，在只为读过大学的精英人士牵线搭桥的工作方式显现出颓势的情况下，社交发展署同社交发展服务中心合并，组成社交发展网络。据社交发展网络网站称，这样做是为了"获得规模经济的益处，扩大业务范围，为单身者交友约会提供更多的机会。"它的使命是"在交友约会技巧、社会交往机会与信息方面，成为一家值得信任的重要中介，一站式资源中心。"社交发展网络的网站上列出的活动种类繁多，包括制作皮革，制作陆栖小动物的饲养箱，混合调配威士忌和巧克力。还为更为活跃的网友安排了"当你能跳萨尔萨舞，为何去散步？"以及"做我的诱饵吧"等多项活动。"做找的诱饵吧"是一种单身者们外出捕虾的短途旅游活动。这些活动大多数都由社交发展网络提供补贴。这家机构通过"婚恋联络基金"资助 80% 的经费举办交友约会活动。他们组织的活动不仅丰富多彩，而且花费不多。周末前往具有殖民地时期风格的马来西亚城镇马六甲游玩，只需花费 130 美元，包括交通费、两餐伙食费、一夜集体住宿费。

届时，单身网友们就居住在用水中木桩支撑的一幢别墅上。这样的别墅有很多，共同排列成巨大的木槿花形状。

　　然而，由政府支持的这些努力促进婚姻和生育率的活动并不足以阻挡"银色海啸"。也就是说，到2030年，每5位新加坡居民中就有一位年龄在60岁以上。新加坡目前每位妇女的平均生育率为1.29，比韩国略微低一点，比日本低0.1。所以这个数字远低于政府设想的到2030年全国人口要达到690万的水平。但是对于新加坡这样的小国来说，比较缓慢的人口增长率未必是一件坏事。在亚洲新加坡已经是生活费用最高的城市之一，尤其是在住房方面。因此，新加坡无法保证既能安顿新增的100万居民，而又不出现严重拥挤的现象。就连基础设施也将在新增的100万居民身体的重压下勉强支撑着公共交通系统。这些问题使成千上万对政府白皮书表示不满的公民感到不安，因为这份白皮书详细阐明了新加坡在今后10年内使人口增加100万的计划。4000名新加坡人甚至涌到了演讲者之角（Speaker's Corner），纷纷发表演讲，表示抗议。在官方看来，这些人的威胁比不上经济增长放缓的威胁大。虽然新加坡是重要的金融中心，但是它的面积只相当于伦敦的一半。劳动力萎缩，需要赡养的人口日益增加（他们恰恰也是世界上对生活要求最高的人群），这两个因素都有可能妨碍新加坡的经济发展势头。新加坡政府正在不惜一切代价，极力避免这种后果。

要想了解推行人口增长计划的力度有多大，就应该看到从李光耀算起每一位新加坡总理一直在提倡这一计划。2001年8月，《海峡时报》（此报向来被称为政府的喉舌）发表了一篇长达12页的专稿，倡议新加坡人应该"行动起来，接受挑战"，在庆祝新加坡于1965年脱离马来西亚而独立的国庆日那天采取生娃行动。文章中甚至还包括一些温馨提示，指导新加坡夫妻在履行国家义务时，如何用报纸遮车窗，保护自己的个人隐私（一个长期解决方案应该是使住房更便宜，数量更多，这样年轻夫妇就不必同父母住在一起了）。这件事情使公众感到惊愕不已，因为自2004年以来，为了维持公共场所的整洁和秩序，就连口香糖也一直遭到禁止。

2012年，新加坡国庆节那天，官方行动进一步升级，推出了一首同曼妥思（Mentos）薄荷糖公司联手制作的说唱歌曲，激励已婚夫妇"让爱国主义热情猛烈迸放"。"我这个丈夫很爱国，你这个妻子也随我。让我钻进你的帷帐，造出个娃娃多荣光。"那首说唱歌曲最令人难忘的几句歌词这样写道。这不禁使人想起美国歌手亚瑟小子（Usher）可能唱出的一些歌词。

那首说唱歌曲其他非常有趣的部分歌词包括："新加坡人口需要增加，赶快忘记挥舞彩旗吧；在8月9日的那一天，我们兴致勃勃如过年。"在男声唱完"生娃津贴"的吸引力后，颇为性感的女低音又接着唱道，"我心里实在是等不及了，快拿 900 元买个婴儿推车吧。"

需要指出的是，在面对类似的人口问题时，弗拉基米尔·普京于 2013 年情人节前夕，邀请美国的田园歌手组合 Boys II Men 前往俄罗斯演出。这是继此前举行的"怀孕日"活动后，再次组织的一场公益活动。在"怀孕日"这一天，政府特意让已婚夫妇休假，为生娃创造条件。从俄罗斯国庆日算起，9 个月后，可以生出爱国娃娃的俄罗斯夫妇，有资格获得电冰箱、汽车、现金或其他奖品。

新加坡官方经常动员全国人口参与履行"国家义务"，而作为"未来糕点烤箱"的女性公民又会受到更多关注。在社交发展网络主办的一次活动中，4 位已读到最后一年的大学生因创作出新加坡童话而荣获奖金。这篇新童话在古典童话的基础上增加了一些带有鼓励生育宣传色彩的内容。

改编的《白雪公主》读出来是这样的：

明晃晃的镜子，挂在墙上。

在这片土地上谁最富有？

白雪公主，在大山那边养育着 7 个孩子。

孩子们每天读书、嬉戏，亲吻着妈妈，

白雪公主啊，你的富有无敌天下。

这篇童话里有一幅插图，上面画的是衣着华丽的白雪公主身边簇拥着她的一群小矮人（这些小矮人神奇地变成了一群迷人乖巧，好打喷嚏，昏昏欲睡，或者迷迷糊糊的金发小男孩儿，以匹配粉红色的短套衫）。另外还有如下一段说明文字："精子可在生殖道内停留 3 至 4 天。因此每周行房 2 至 3 次就意味着每当排出卵子时，就有精子在等着它！"

改编过的《下金蛋的鹅》也值得一提：

下金蛋的鹅以金蛋为贵。

金光灿灿，夺目耀眼。

可是过不多久，她就再也下不出金蛋。

只因年老体衰，无法正常排卵。

这些故事，连同《灰姑娘》《三只小猪》和《长发公主》一道，印成传单分发给大学生，希望他们受到教育，懂得"在新加坡开始生活，成家立业需要做出哪些努力。"活动的项目负责人陈洛尔（音译）在接受《卫报》采访时这样说道。

新加坡政府不应耳提面命地教导国民如何生活，最好是减轻国民的生活压力，让他们得到实惠。政府有关记录表明，2014 年，新加坡一半以上的堕胎者（堕胎在新加坡是合法的）都是已婚女性，其中大多数受过大学教育。她们不想要孩子，是因为她们正在追求事业，担心休假照看孩子会影响事业发展。其他女性已经有了一个孩子，她们之所以终止妊娠，是因为觉得自己养不起第二个孩子。

另外值得注意的是，80%以上的新加坡人居住在数量不少，但是仍然不够分配的公共住房里。住房分配受到种族因素的限制：一户印度家庭搬出后，另一户印度家庭才有可能搬进来，以保证一定程度的平衡，避免出现种族贫民窟现象。此外，公共住房是根据婚姻状态来分配的。年龄在35岁以下的未婚公民没有资格享受公共住房补贴；他们必须购买房价至少高出一倍的私人住房。由于这个原因，许多新加坡夫妇开玩笑说，能够申请公共住房是订婚的最大前提之一。

为进一步限制那些想要独立生活的居民，新加坡政府推出了一种预购组屋（build-to-order flats）。预购组屋比市场上的公共住房定价便宜很多——能便宜10万美元。然而单身者只限于购买两室型预购组屋。最近新加坡的市区重建局（URA）要求房地产开发商限制他们建造的"鞋盒型"公寓。这些公寓面积至少为500平方英尺（约46平方米），很受欢迎，卖得快。但是据英国广播公司报道，目前已经出台新的指导政策，要求建造多适合家庭居住的更大公寓，希望在缺少其他选择的情况下，能够促使人们购买这类公寓。

新加坡妇女行动与研究协会的倡导研究主管谭茱莲表示：

"我们不能整天缠着人们让他们生孩子。"她解释说，尽管当地的政治家们越来越认识到，相关费用与照料条件是人们决定是否要孩子的重大影响因素，但是在新加坡，人们对于男女平等的认识仍很肤浅。"这是一种从小就需要积极明确培养的价值观念。"她说道，"推行强制性的陪产假是迈出的正确一步，但是却不足以改变根深蒂固的传统观念和态度。"

从中国来的职业红娘李曼迪也同意上述观点："新加坡男人要想找到那种符合他们心愿的新加坡女人做妻子很不容易。"她已经成功地将这个问题变成了一种赚钱的生意，专门把中国南方女子介绍给新加坡男人。她解释说，由于新加坡的街头食品和外卖食品非常便宜、干净，又容易买到，所以很少有人在家做饭。在中国，有钱人必须在高档餐厅酒店的贵宾单间里用餐。与此不同，新加坡所有社会经济阶层的人都可以在路边摊位上用餐。"他们不需要家庭主妇为自己做饭，他们需要的是伴侣——需要那种帮助他们打理生意，不管他们从事哪门行业都可以支持他们的女人。"但是许多新加坡女人却不需要这个，"她们有自己的生意，或者有自己追求的事业。"李曼迪补充说。这正是中国女人可以发挥作用的地方。

一般来说，中国女人更愿意在事业上帮助丈夫。李曼迪认为，如果再考虑移民新加坡带来的益处（再加上空气清洁，食品安全，社会福利也更好），可以成功介绍很多对你情我愿的恋人。

"他们更般配。"她说道。李曼迪原是中国福建省人，她本身也是中国女人同新加坡男人成功婚配的有力见证。20多年来，她一直在位于新加坡一个高档小区的家庭办公室里做着红娘生意。"男人们心满意足，因为他们找到了愿意跟随自己的妻子；女人们也很开心，因为她们找到了平等对待自己的丈夫。"她这样总结说，"每个人都是赢家。"她坐在客厅里的一个鲑鱼粉红色长沙发上，四周挂着许多照片，照片中的一对对情侣春风满面，喜形于色。

第十二章

—

未来会如何：愿我们都能活在想要的世界

2016 年 1 月 1 日，中国结束了独生子女政策。在经历了 36 年被广泛视为最激进的人类实验之后，中国父母们目前享有稍微大一些的自由，可以生育两个孩子。

当独生子女政策在 20 世纪 70 年代刚刚构思酝酿时，很少有人能够看到它对人们的生活将会产生多大影响。其中也包括这项政策的主要设计者之一，火箭科学家宋健。当时他也是中国顶级的弹道学家与导弹专家。他协助设计了中国最有力度的人口控制计划，这听起来也许有些不同寻常。但事实证明，至少从军事角度来说，导弹与生育计划比表面上看上去具有更多的相同之处。

宋健曾经在前苏联学习数学与系统分析，获得莫斯科大学博士学位，并用俄文发表了几篇最优控制理论方面的论文。最优控制理论，简单来说，就是经常用于预测与计算获得最佳结果途径的数学最优化方法。

1960 年中苏关系破裂后，宋健回到中国，并很快在国防部人员当中迅速崛起，成为国内导弹制导与系统控制方面的顶级权威。由于当时政府担心受到美国和苏联的军事打击，所以特殊优待军事科学家，尤其是像宋健那样能够制造原子弹的战略武器科学家。据哈佛大学人类学教授，《只生一个孩子：邓小平时代中国的科学与政策》（*Just One Child : Science and Policy in Deng's China*）的作者苏珊·格林哈尔希披露，这些军事科学家们采用现代化的工作设施，非常罕见地可以接触到外国资料数据，以及功能强大的计算机。

也许最重要（同时也最危险）的是，他们与政府最高层有着直线联系，并参与了国家各项重要政治决策。其中最重要的一项决策就是独生子女政策。

我必须强调的是，早在宋健之前中国的社会科学家，甚至一些政治家就考虑过需要控制人口这个问题。远在 20 世纪 30 年代，他们就将中国的人口视为一种负担。但是由于战争时期的国民党政府重视军事实力和人口优势，他们不可能在人口控制方面有多大作为。中国共产党在掌权后效仿苏联的一套做法，那时斯大林反复强调革命前的家庭标准。与资本主义和帝国主义国家实行的计划生育举措不同，这些家庭标准包括鼓励生育。这项政策在当时中国共产党控制的地区也实行过。德国人口学家托马斯·沙平在他那部开创性著作《1949 至 2000 年间的中国计划生育：人口政策与人口发展》（*Birth Control in China, 1949–2000: Population Policy and Demographic Development*）中披露，在 1931 年至 1948 年执行鼓励生育的政策期间，堕胎会受到惩罚，除非母亲的生命有危险。到 1949 年 9 月，也就是中华人民共和国成立的前夕，人们还认为，中国人口众多是一件极大的好事。再增加多少倍人口也完全有办法。这个办法就是生产。

到 20 世纪 50 年代，政府反对控制人口的强硬立场开始动摇。当时中国面临着粮食短缺问题，面临着日益增加的儿童教育问题，以及就业和医疗保健方面的挑战。大跃进运动和三年自然灾害导致了中国大饥荒。数千万人口由于营养不良以及控制人口等方面原因，不幸被夺去生命，从而使控制人口的问题又回到了国家议事日程上来。

当时在毛泽东手下担任国家第一任总理的周恩来，成为政府高官当中控制人口政策的主要支持者。在德国学者绍平引用周恩来总理在 1963 年发表的一次讲话中提到，"人口众多是一件好事。但是我们已经是世界上人口最多的国家，我们已经有了许多这样的好事。如果我们任凭人口没有计划地迅速增长下去，那就不再是一件好事了。"

1970 年，包括毛泽东在内的中央政治局一致同意，需要在经济发展和粮食安全的背景下重新考虑实行人口控制问题。然而，当时那些最先提倡采取人口控制措施的社会科学家已经被下放到偏远农村，接受再教育。格林哈尔希在《只生一个孩子》中指出，作为唯一在中国可以从事自己所选领域研究工作的那批科学家，宋健那样的军事科学家又具有了新的重要作用。20世纪六七十年代宋健的大部分时间都在大沙漠中度过。他在那里学习了核物理学、天文学，以及其他领域的科学知识。后来他回到北京时，把所学的这些新知识全都应用在了国防工作当中。

当时在中国乃至全世界，人们普遍对于全球人口的数量表示不安。中国人口学家王丰、蔡勇和顾宝昌在他们的论文《人口、政策与政治：历史将如何评价中国的独生子女政策》中指出，20世纪上半期是全球人口有史以来增长速度最快的时期。世界各地的组织机构开始将更加拥挤的地球视为一种对经济繁荣的威胁，有时也视为一种对政治稳定的威胁。罗马俱乐部研究报告《增长的极限》（*The Limits to Growth*）又为这种不确定性火上浇油。罗马俱乐部是一家智库，其创始人据说还包括戴维·洛克菲勒。《增长的极限》发表于1972年，一共销售3000万册，被译成30种语言，成为世界上销量最大的环境问题专著。

即使到了现在，《增长的极限》一书的观点仍然适用。这本书以20世纪70年代麻省理工学院一个国际研究团队的工作为基础，对全世界人口持续增长可能产生的影响展开了深入研究。它分析了农业生产、不可再生资源的消耗、工业生产和环境污染同人口增长有何关系，并得出结论，"人类可以建设成这样一个社会：如果人类能够约束自己，限制物质财富的生产，以精心选择的方略在人口与生产方面达到全球性的平衡状态，人类就可以长期生存下去。"

宋健本着时代精神，着重强调为了国家繁荣昌盛，中国需要采取严格措施限制人口增长。苏珊·格林哈尔希说："他为这一观点赋予了科学可信性与紧迫性，他要说明的是，离开有力度的科学方案，中国就会在人口过剩的重压下崩溃。"

国家领导人接受了宋健提出的警告，因为这些警告非常符合他们的新目标。当时在推行迅速实现现代化的计划过程中，中国认为，国家需要科学的力量。格林哈尔希解释说，因为宋健所从事的科学研究领域非常复杂，而且具有很高的定性研究特点（没有几个人能够真正理解或者亲身去做）。这本身就带有一定的威望，而宋健则将这种威望巧妙地转化成了权力。

应该指出的是，到 20 世纪 70 年代，中国的社会科学家可以再次从事各自的研究工作，正在努力为中国的人口问题寻找解决方案。不同的是，宋健能够用到为军事目的而研制的尖端计算机。当时社会科学家们能够用到的计算器没有那么先进。格林哈尔希在书中指出，除了这些物质上的不利条件外，中国社会科学家们对于之前的遭遇仍然心有余悸。相比之下，军事科学家们"满怀自信地进入全新的研究领域，借鉴一整套他们只是短暂地接触到的外国技术，经大幅度改动后，将这些技术运用到迅速开发并竭力寻找社会问题的全新解决方案过程中。"

他们确实是这样做的。1975 年在访问荷兰时，宋健拜访了荷兰数学家吉尔特·扬·奥尔斯德，奥尔斯德是荷兰屯特大学的一名教授，当时正在与别人合写一篇论文，题目是《人口规划：分布式时间最优控制问题》（*Population Planning: A Distributed Time-Optimal Control Problem*）。他试图为一个没有外来移民，只有出生与死亡的虚构岛屿计算出最优出生率。据信，正是这篇论文促使宋健运用自己掌握的导弹控制技术方面的知识研究最优生育率问题，力图将来为中国确定理想的人口目标。虽然其中涉及不同参数（导弹速度、位置和推力换成了人口密度、死亡率和人口迁移），格林哈尔希指出，在上述两种情况下运用的偏微分方程数学方法都是一样的。

对于学术界以外而言，经常被忽略的一个事实是：早在制定独生子女政策之前就已经出台了一些相关政策，也许这项政策没有必要推行。自 1964 年后，中国政府一直在力图遏制人口增长，这些举措比推行独生子女政策早了将近 15 年。从 1973 年起，中国政府开始试行"晚稀少"的计划生育政策。这项政策被视为在独生子女政策前推行的一项比较温和的政策，鼓励人们晚婚，隔上三四年再生育另一个孩子，以保证每个孩子都能得到适当的医疗、教育待遇和父母关爱；鼓励人们少生孩子，使每一个后代都能享受到比较舒适的生活。后来在 1978 年，又鲜明地提出"最好一个，最多两个"的计划生育政策。这项政策容易推行，因为当时大多数人都属于工作单位，既分配住房，又分发食品。格林哈尔希解释说，凡是违反计划生育规定的夫妇，单位领导都能够轻而易举取消他们的分房资格，任何食品都不发给他们。总的来说，这项温和的人口控制政策非常有效。在 1970 年至 1980 年期间，中国的总生育率由 5.8 降到了 2.7。也就是说，即使在开始推行独生子女政策以前，中国的总生育率下降了一半多。

后来中国政府推行了更加严厉的措施，因为人口数据显示，由于 20 世纪 60 年代出生的婴儿很多，80 年代人口将会有较大幅度增长。使控制人口变得更加紧迫的另外一个因素是，当时邓小平刚刚成为国家领导人。为了使国家走向健康的未来发展之路，邓小平将经济建设作为自己任期内的首要任务。当时由于 GDP 增长被视为衡量一个国家经济成功的最佳途径，因此，他非常重视有助于促进 GDP 增长的措施和政策。

宋健对于人口控制的看法非常符合邓小平的工作目标。除了为经济增长创造最佳条件外（减少人口可以更容易提高人均 GDP 水平），宋健还特别强调，在控制人口方面需要利用国外科学知识，以及当时西方正在出现的马尔萨斯式忧患思潮。西方人士认为，人口增长会破坏环境，造成饥荒和灾难。当时中国刚刚经历了严重的粮食短缺时期，宋健的观点几乎是自然而然地引起了共鸣。因此，他与中国的其他科学家（主要是武器专家）被赋予重任，努力找出一个使中国健康地过渡到新时代的万全之策。

由于他们的努力工作，再加上中国政府一直想限制人口增长，1980 年 9 月 25 日，涉及亿万国民的独生子女政策正式出台。这项政策被视为有助于确保中国人口到 2000 年仍然维持在 12 亿以下。为使中国 1980 至 2000 年间的人均 GDP 翻四番，达到 1000 美元，12 亿以下的人口被认为是最理想的人口规模。

早在 1982 年，中国政府就开始为独生子女政策制定免责条款，以减轻其中的一些限制措施。我提到这一点并不是为其找借口，而是意在说明同普遍的看法正好相反，独生子女政策并非一直是不加区分地严格推行着。据中国人口学家郭宝昌、王丰、郭志刚和张二力在《人口与发展评论》上披露，到 2000 年只有 35% 的人口（主要是城市居民）要严格执行计划生育的所有条件。54% 的中国人需要遵守一个半孩子的政策（也就是说，如果一对夫妻的第一个孩子是女孩，他们可以再生一个孩子）。10% 的人口（偏远地区的居民）可以生养两个孩子，即使他们的第一个孩子是男孩。同样应该指出的是，1% 的人口（主要是少数民族）甚至可以生养三个孩子。

在中国除了发生过无数同人口控制相关，也常常令人沮丧的事情外，如今的现实情况是，1.5 亿家庭只有一个孩子。与东亚"四小龙"经济一样，中国也面临着人口迅速老化的威胁，另外还有严重的男女性别失调所造成的影响。由于推行独生子女政策，以及在这个过程中采取了一些极其严厉的措施，中国被认为"严重违反人权"。即便如此，到 2000 年人口仍比预期增加了 6000 万。无论利弊与否，人均 GDP1000 美元的目标只用原计划一半时间就实现了，这使中国又步入了成为经济强国的轨道。

无论经济效益如何，由独生子女政策造成的人伦牺牲和情感牺牲切不可低估。尽管这项政策提高了 20 世纪 80 年代以后出生的城市女孩地位，同时也应该看到这项政策对于其他女性所造成的伤害；尤其是那些遭受强制堕胎和绝育之苦的女性。

中国将继续为几十年来独生子女政策在人口与社会方面造成的后果付出代价。虽然这项政策已经得到修正，政府也发现让每个具有生育能力的妇女生育两个孩子，在现实当中的难度远远大于理论探讨。

就在计划生育政策取消的当天，各地也全面取消了晚婚假。晚婚假的原意是阻止年轻人 20 岁刚过就结婚生子，让他们年龄大一些后再成家立业。这项非常慷慨的鼓励举措一取消，立刻引起了强烈反响。

中国政府要全力以赴提高生育能力的另一个迹象是为已婚妇女免费取出避孕环。以前妇女在生完一个孩子后，必须在子宫内安放避孕环。根据官方统计数据，在 1980 年至 2014 年间总共有 3.2 亿多妇女体内安放了避孕环。另据《纽约时报》报道，在大多数发达国家，避孕环上常常系着细绳，安放 5 至 10 年后，由妇科医生亲自取出，毫无痛苦；与此不同，中国的"上环"过程对人的影响比较大。直到 20 世纪 90 年代，由国家注册的妇科医生亲自将低成本不锈钢避孕环安放在妇女体内。这样的避孕环本来是要一直安放在体内，所以设计得很难取出，必须借助于外科手术才行。如今中国政府主动提出通过免费手术取出避孕环，但是目前为止响应者不多。打算动手术的妇女常常都是患有由避孕环引发的综合征。避孕环会嵌入子宫壁上，如想取出，就得切除子宫。

中国政府采取了前所未有的法律措施，希望年龄大一些的已婚夫妇也想生第二个孩子，于是也撤销了禁止代孕母亲的法律草案。这项法律草案此前已经得到了广泛宣传，眼看就要生效。寻找代孕母亲在中国已属合法行为，但是中国人却常常去美国寻找代孕母亲，因为其优势是在美国出生的婴儿可以成为美国公民。中国政府目前也在扩充精子库，开始发布捐精者"指南"。未婚女性在法律上仍然不得冷冻卵子。不过那些有条件的女性则去国外冷冻自己的卵子，这种做法最初由女演员徐静蕾领头普及开来。如同割双眼皮一样，冷冻卵子也正在成为年轻中国女性寻求的商品与服务的一部分。我从读过的资料中了解到，有些正在美国大学攻读学位的中国女性也要冷冻自己的卵子，以求得心理安慰。朋友们有时结伴前往，仿佛去美化指甲一样。

中国政府让那些弹道学专家们解脱了人口控制重任，正在通过社会科学家们了解如何以最佳方式撤销独生子女政策，因此对于中国人口的数量和年龄结构也有了比较清楚的了解。目前，60 岁以上的人口占全国人口的 16%，到 2050 年这个百分比将会增加一倍。中国大多数居民生活在城市地区，总数达 7.93 亿人；农村居民总数为 5.9 亿人。男女性别比例失调，男性比同龄女性多出 3000 万人。为了使了人口年龄和男女比例逐渐恢复正常，政府设立的目标是，到 2020 年人口总数达到 14.2 亿。这意味着在今后两年里人口需要增加大约 7000 万。如果目前的生育率可信，这一目标是相当高的。在独生子女政策被两孩政策取替的第一年里，人口只比上一年增加了 131 万。这清楚地表明，中国家庭并没有像政府希望的那样渴望多养孩子。

生育率低原因有很多，首先是在中国按着中、上层社会阶层的要求养育孩子的费用很高。有条件的父母舍得为独生子女花钱，为他们聘请私人教师，送他们去国外读书。这样的费用加一起数额很大。如果再增加一倍，势必使教育质量受到很大影响。中国社会目前竞争非常激烈，为了使孩子拥有最大的成功机会，许多父母认为不能因为再养一个孩子就使他们能够为一个孩子提供的机会大打折扣。

"我3岁的时候，妈妈又怀上了第二个孩子。"卡拉说。她是我的一个朋友，目前居住在纽约市。1988年她出生在上海，主要由爷爷奶奶养大，因为父母工作忙，没时间照顾她。妈妈最后把第二个孩子（是个男孩）打掉了，因为她的家庭养不起两个孩子。"当时中国正在迅速发展，我的父母想尽可能利用每一个机会改善我们的生活条件。"他们的辛苦得到了回报。卡拉的父母终于有能力送他们的女儿去美国的大学读书。目前，他们属于中国的中上阶层，过着舒适的生活。"他们都是暴发户。"卡拉说。

"我要是有一个弟弟的话，生活就会与现在大不一样。"卡拉说到，"小时候有一个弟弟一起玩儿当然是好事，不过等我长大了肯定会影响我的成人生活。"虽然想起来不痛快，但是卡拉说得没错。卡拉的父母出资让她在纽约上大学，给她在那里购置了一套住房，还为她买了一辆豪华跑车，让她开着往来于皇后区境内的法拉盛之间。法拉盛主要是中国人居住的地方，她喜欢去那里购买日用品、吃饭、修指甲。

卡拉在纽约从早晨9点忙到晚上5点，而她的父母现已退休，每天到处旅游。他们在社交媒体微博上展示的"精彩时刻"表明，在不到10个月的时间里他们去过瑞典、马尔代夫、夏威夷，游览过埃及金字塔。他们每到一处就大把花钱，有一次，还为卡拉买了一枚尼泊尔产的粉红色钻石戒指，足以吓着向卡拉求婚的任何男士（卡拉以前的那位追求者过了很长时间也没向她求婚，因为当时正在读研究生的那位男士买不起戒指。卡拉的妈妈太想当丈母娘了，于是就爽快提议：用那枚粉红色钻石戒指把婚事订下来吧）。

回到上海后，卡拉的母亲忙着唱歌（她在一个社交媒体上唱歌，可以让别人给她打分，据说还引起不小轰动），父亲则忙着画传统的水墨画。他们享受着生活，经常与其他快乐的中国退休人员乘飞机结伴旅游。但是他们希望女儿回到上海，在上海结婚，给他们生下外孙——不是一个，而是两个。

"在我小的时候他们没有机会照看我，所以他们特别想抱孙子。"卡拉解释说，"可是我未来的公公婆婆同样想抱孙子，他们就想让我也为他们生一个。"看到我有些迷惑不解，她这样解释说："一个孩子随我丈夫的姓，另一个孩子随我的姓。"

卡拉对生孩子这事并不很热心，更不用说为父母生个孙子，再为公公婆婆生个孙子。但是她安慰我说，在那些花了很多钱培养女儿的富有家庭中间这是一个趋势，也使她增加了定居压力。

"他们希望我尽快开始行动，这样他们可以趁身体好的时候照看孙子，他们全都计划好了，就差我生孩子了。"卡拉说道。

我的另一位身居纽约的朋友也面临着类似的生育压力，只不过她的压力略微大一些。她已经有了一个孩子（男孩），公公婆婆鼓励她再生一个。而她的父亲却有着更加雄心勃勃的计划："如今在中国任何人都可以要两个孩子。你现在是生活在美国，你应该要三个孩子。"

职业发展与生育的矛盾

从就业角度来看，二孩政策使中国女性面临的情况更加复杂。"以前用人单位经常歧视那些没有结婚，或者没有生孩子的女性。"莉莉说。她就职的那家外国公司在北京设有办事处，"现在这种歧视更加严重了。"

她在20多岁时谋得了当前这份工作。当年在求职时，她并没有认识到性别和婚姻状况会对她的职业前景产生很大影响。"我当时认为，只要多积累一些工作经验，将来我就可以有更好的机会。可是我没有想到年龄和性别最终会对我不利。"

莉莉现年35岁左右，很想找一份新的工作。她认为自己不成功的原因是没有结婚。"我根本没有想到人力资源经理很在意这一点，而且丝毫不加掩饰，我最近向一家跨国公司求过职。在面试时，一位台湾经理直言不讳地对我说，如果我现在是20多岁，她就不会过问我结婚和做母亲的计划。可是我已经过了30岁，她只能过问了。"莉莉说道。

"这种情况我遇到好几次。最让人抓狂的是，女人竟然会歧视其他女人。"她补充说道。

中国许多用人单位在招聘员工时，要求应聘者把年龄和婚姻状况写在简历中。因此，人力资源经理知道莉莉还没有结婚。她认为这构成了"隐性歧视"。有一次她没有把年龄和婚姻状况写在简历中。结果招聘单位给她打来电话，叫她把有关信息填写上，然后再面试。

除了当场被问及一些关于未来的个人问题外，莉莉经常遇到一些带有限制条件的工作岗位。"甚至就在我公开声明不想要孩子以后，有个用人单位还问我是否同意签订一份合同，承诺在两年之内不怀孕。"她说，并表示在她的朋友圈儿里这是常有的事情，无论单身还是已婚的女性均遇到过。

虽然假定这种歧视情况只发生在中国本土公司，但是莉莉向我保证说，这些事情都是她向在中国经营的跨国公司求职时的亲身经历。她说道："人力资源部门的大多数雇员都是中国人，所以他们严格遵守当地的规矩。"她还补充说，自从实施二孩政策以来，事情变得略微复杂一些。雇主们目前担心，他们最终可能要为当前没有孩子的女员工支付两次产假（大约98天）的工资。所以，他们更加不敢招聘目前还没有孩子，但是处在生育年龄的女性。

以目前的生育率来看，很难想象在中国出生的新生儿会很快大量增加。政府非常乐观地预测，随着二孩政策的实施，总生育率在 2018 年会上升到 2.1（每年出生 2200 万婴儿），到 2050 年又逐渐下降到 1.72。如果出现这种情况，中国人口到 2029 年将达到最高峰的 14.5 亿人，到 2050 年又下降到 13.8 亿人。然而，中国人口学家，威斯康星大学麦迪逊分校的科学家易富贤却做出了截然不同的预测：二孩政策的存在，并不意味着中国妇女突然之间全都想生育两个孩子。生育能力无法像政府一厢情愿的那样可以随意控制。易富贤预测，总生育率会暂时由 2015 年的 1.05 反弹到 2017 的 1.3，然后又进一步下降。他估计中国人口在 2050 年将下降到 11 亿，到 2100 年中国只剩下 5 亿人口，其中大多数是老年人。

中国人口在今后 60 年里减少一半，这件事非同小可。中国取得的大部分成绩（社会与经济方面的）均依赖于人口优势和年轻人。易富贤解释说，1980 年中国人的平均年龄为 22 岁。2015 年，这一数字上升到 38 岁。据预测，到 2050 年，中国人平均年龄将达到 56 岁，位于全世界老龄化程度最高的人口之列。（到 2050 年美国人的平均年龄为 42 岁，身体矫健的印度人的平均年龄为 37 岁。那时全世界平均年龄为 36 岁左右。）2010 年中国平均 7.6 个劳动人口养活一位年龄为 64 岁以上的公民。易富贤预测，到 2050 年平均 1.7 个劳动人口养活一位老人，这一状况令人痛心。这几乎相当于每个人只能照顾自己年迈的父母。对于已经有了一个或两个孩子的夫妇而言，这是一个沉重的家庭责任。

上述预测依据的是当前生育率。而当前生育率却又不能完全解释越来越多的中国女性打算结婚后晚生孩子，或者根本不想要孩子这一现象。在东亚地区，中国未婚女性数量仍然比较少，但是应该记住，中国的社会经济发展水平平均落后邻国20年。20世纪80年代，中国女性到了30岁几乎全都结婚（当时除了结婚很少有别的选择）。同一时期，在日本、新加坡与韩国，近20%的女性到30岁时仍未结婚。如今在日本、新加坡与韩国，30岁以下仍未结婚的女性猛增到70%。甚至到了39岁，上述三个国家的女性仍有20%以上未婚。再看香港与台湾，情况也有些类似：30岁以下未结婚的女性平均达到68%；到39岁时仍有19%的女性未婚。在中国39岁的未婚女性百分比仍然比较低，只有5%。不过考虑到中国女性在过去30年里取得的所有进步，我们有充分理由相信这些数字还将进一步增加。

相比之下，在美国情况正好相反。如前所述，受过大学教育的美国女性比受教育程度较低的美国女性更有可能结婚。另外，美国女性在整体上承担着更大的养家糊口的责任。根据美国进步中心发布的数据，42%的母亲是美国家庭中唯一或主要的养家糊口者。生物人类学家海伦·费舍尔认为，这体现出朝着我们"狩猎与采集的过去"的历史回归，令人激动；那时女人外出四处搜寻（她们的丈夫不一定每天都能捕杀到一只野猪），家人享用的60%–80%的食物通常都是她们带回来的，这使得她们在经济上和两性关系上同男人一样强势。她们只要愿意，可以随时中断不如意的夫妻关系，因为她们在经济上不依赖对方。直到后来发明了拖拉机，才使她们不再是家里的顶梁柱。

上面提到过的韩国研究人员黄智秀断定，因为美国的 GDP 增长一直比较缓慢，女性参与劳动就业后在比较长的时期内逐渐增加了工资，所以她们没有体验过因经济快速增长，女性就业率和工资突然增加带来的"冲击波"效应。黄智秀认为，这种冲击波效应经常出现在这样的时期：单身女性比例很高，男人们一时难以适应的女性新角色同他们一直熟悉的女性传统角色截然不同。黄智秀还认为，同样的事情也有可能发生在中国，因为同样的经济增长模式也适用于中国。但是我认为不会出现这种情况。

在教育方面我可以做一个大胆猜测：中国男女公民在交友恋爱上面临的最大挑战是受过大学教育的女性越来越多，而受过大学教育的男性却越来越少。这并不是什么新鲜事，包括美国在内的所有发达国家几乎都出现了这种情况。乔恩·伯格在《约会经济学》（Date-onomics）一书（读来很吸引人）中解释说，受过大学教育的千禧一代（在跨入 21 世纪以后达到成年年龄，伴随电脑／互联网的形成与发展的一代人）美国年轻女性同受过大学教育的美国男性的约会比例为 134:100。

对比今昔，他进一步指出，如今受过四年大学教育的女性最初同男性的约会比例为 117:100，尽管也不理想，但是肯定好于目前的状况。美国大学校园男女比例失调现象体现出更加严重的趋势，但是它毕竟已经存在至少 30 年了，而且婚姻模式已经开始了相应的调整。美国女性（也包括前面提到的大多数发达国家女性）同受教育程度不如自己的男人结婚的情况并非罕见。但是在中国，这仍然是一剂难以下咽的苦药。男人不想"上娶"，女人不大可能"下嫁"，父母通常也从中作梗，两边因此更不情愿。如果这种情况不改变，就会逐渐降低结婚比率，使中国出现前面提到的东亚三国那样高的未婚比率。

这也许使得将中国同邻国进行比较变得更有吸引力，在这方面中国离恳求国民生育后代可能只差创作一首说唱歌曲了。

经过多年受重工业和农村向城市迁徙驱动的经济增长后，中国目前处在一个重要的十字路口上。为了支撑经济，中国必须刺激消费，将重点由重工业与出口转向服务业与消费产品上。在许多方面，中国具备过渡的有利条件。仅仅 10 年前，在中国 20 个到了上大学年龄的人当中只有一人能够接受高等教育，如今的比率是 3:1。当美国还在刷信用卡、摆弄硬币、在收据上签字时，中国已经变成了可以不使用现金和纸张的社会。从街头的饺子到跑车，几乎所有一切都可以通过扫描条形码来购买。你可以使用相同的购物软件订购汽车，预约一次按摩和假日旅行；用于支付商品和服务的现金存在网上银行比存在实体银行能赚到更多利息。微信是世界上功能最多的社交媒体平台，阿里巴巴是世界上最大的电子商务平台。它们都属于中国人，都没有表现出不久就会消失的迹象。

除了具有这种超前的数字化技术优势外，中国不同于东亚"四小龙"经济体，另外还拥有数量庞大，越来越多参与正规劳动就业的职业女性。中国 41% 的 GDP 是她们贡献的，这是世界上最高的比率。如果强迫她们遵从已经过时的结婚生育时间表，或者不承认她们在中国社会中发挥的重要作用，中国就不会在过去 30 年里取得那些进步。

中国除了能在国内为自己开辟一条更加光明的道路以外，还具备为全世界许多其他国家定标立范的有利条件。目前只有中国横跨发达国家与发展中国家两个世界。中国居住着全世界四分之一的女性，在影响大多数发达国家的明显变化中也是一股表现完美的重要力量。中国如何关心对待那些由于事业、教育和生活方式等方面的原因较晚结婚生育，或者根本不生育的女性，将会影响到未来的大批女性。

如果再加上印度的话，变化范围则增加近一倍。印度的女性人口几乎同中国一样多。印度也是个男女比例严重失调的国家。在社会经济方面，印度落后中国很多年，但是这两个国家也有一些共同之处。根据麦肯锡全球研究所发布的研究结果，在印度的 32 个邦中，男女平等状况相差悬殊，主要体现在就业方面。最接近男女平等的前五个邦同中国、阿根廷和印度尼西亚不相上下。在男女平等方面表现垫底的印度五个邦同乍得和也门两国的情况更为接近。也就是说，女性在劳动就业中的价值同她们在社会中的价值息息相关。如果女性在劳动与社会上得不到重视，劳动与社会都不可能得到很好的发展。

据麦肯锡全球研究所预测，如果在今后 10 年里能使 6.8 千万印度女性参与农业以外的劳动就业，到 2050 年印度的 GDP 将增长 7000 亿美元。

要想使这些印度女性参与上述劳动就业，就应该向中国学习，做好以下几点：在中学和大学方面缩小男女差别，为女企业家的经营活动提供更多的金融与数字化服务，向涉及女性工作角色与社会角色的顽固观念发出挑战。目前在世界各地，印度女性对 GDP 的贡献最低，同中东和北非相差无几。这两个地区的许多国家的法律禁止女性就业。在世界范围内，印度通过促进男女平等和女性就业来实现的经济增长潜力最大化。

除印度外，还有许多其他人口众多的南非、中东和其他非洲国家，那里的女性对自己生活和身体的自主掌控权刚刚开始增强。孟加拉国的女性被更多地送到学校接受培训，她们已经成为国内需要熟练劳动力的工厂的重要人才来源。巴基斯坦女性正在参加摩托车比赛，以促进男女平等。阿富汗女性在玩滑板，也是为了促进男女平等，因为她们仍然不能骑自行车。伊朗女性正在接受空手道和武术训练，以防范性侵暴力。埃及女性身穿婚服走向街头，抗议到了一定年龄就得结婚的传统习俗。马拉维女性在相互帮助，逃避童婚。沙特阿拉伯女性刚刚获得开车的权力。无论这些努力结果多么微不足道，它们都在表明，世界各地的女性正在奋起反抗那些禁止她们全面参与社会活动的人和事。虽然这些女性不同于世界各地那些游行集会的女性（除印度、马拉维和沙特阿拉伯以外，上述国家的女性甚至从未举行过游行活动），但是她们取得的这些小小胜利必须发扬光大，因为她们非常需要这样的胜利。

本章大部分内容都是我在穿越非洲的旅程中写下的。我最后到达了莫桑比克，在那里遇到了一位有葡萄牙血统的莫桑比克企业家。这位企业家推出了一种可以反复使用，价格便宜的卫生巾。在大多数女性仍然使用树叶、木棍和毛毯碎片擦除经血的国家里，这种卫生巾无疑极为实用，这位企业家最初的想法是让莫桑比克女性在当地市场上推销出售这种产品。但是事实很快就表明，这样做并不明智。尽管莫桑比克女性是这种产品的终端用户，但是买或不买无法自己做主。她们几乎没有独立购买力，首先要让父亲和丈夫相信这种卫生巾具有各种优点才行。对莫桑比克女性而言，来月经是一件很丢脸的事，所以大部分莫桑比克女性都不愿意推销这种产品。

那家公司的创始人决定重新调整销售目标，重点瞄准大学和清真寺，因为女大学生有一定的可支配收入，而清真寺的伊玛目（祭司或宗教领袖）一旦确信这种便宜的卫生巾具有种种优点，就会为自己的妻子买上一捆。

在许多方面，莫桑比克为我提供了一个观察中国的新视角。中国在非洲各地，尤其在莫桑比克，投资巨大。莫桑比克的主要飞机场，以及我当时逗留的那座城市里的最大酒店都是由中国人承建的。从岸边可以清晰地看到非洲最长的悬索桥桥身（此桥将把首都马普托同卡腾贝镇连接在一起）。这座大桥由中国进出口银行提供资金，中国路桥工程有限公司负责设计施工，采用中国鞍钢集团生产的钢材建造，将取代目前在莫桑比克、南非和斯威士兰之间运送货物与游客的低劣道路网络。

除投资以外，莫桑比克的平均生育率在世界上名列第 12 位，达到 5.26，也着实令人眼前一亮。与大部分亚洲国家形成鲜明对比的是，莫桑比克这个国家的人口到 2050 年有望增加一倍。目前莫桑比克的婴儿死亡率与产妇死亡率高，女性受教育比率低，平均寿命 49 岁。这经常意味着父母去世后，家中的长子必须辍学找工作，养活弟弟妹妹。这样就限制了他们接受教育，为自己创造更好生活的机会。虽然撒哈拉沙漠以南的非洲国家女性已经贡献了 39% 的 GDP，她们还承担着绝大部分家务劳动，而且童婚与年纪轻轻就当妈这两个因素不利于她们去寻找更赚钱的工作。但是随着她们接受更多教育，对婚姻和生育子女拥有了更多的自主选择权，她们的境遇应该会发生变化。

这种变化的迹象正在出现。中国女性在过去 30 年里取得重大进步的最显著标志是，20 岁到 30 岁女性的生活与母亲或祖母那一代的生活截然不同。虽然莫桑比克还没有出现这种情况，但是已经为时不远了。我在莫桑比克的时候拜访了我的朋友西格莉德。她以前在中国工作过，刚刚在首都马普托当上外交官。她是外交官的女儿，在莫桑比克长大；还有位管家为她的父母工作了 10 多年。当西格莉德非常喜欢的这位管家去世时，她的大女儿克雷森西娅就必须抚养自己的妹妹。她现在被西格莉德聘为管家，继续操持着她母亲生前为西格莉德一家人操持过的同样家务，同样是在那幢面朝大海的高层公寓楼里——西格莉德就在那幢楼里长大，成年后又选择搬回来住了。

与自己的母亲一样，克雷森西娅也是一位单身母亲，还要抚养自己的妹妹。历史会轻而易举地重复，她也可能做管家一直做到终老那一天。不过她又在当地的大学里重新读书上课了，打算成为一名会计师。她的小妹妹正在攻读国际关系专业。由于西格莉德的父母出资承担了部分学费，所以她们也能够上得起学。当然，这样的大好事在莫桑比克并不是人人都有幸遇到。但是看到这姐妹俩如饥似渴地求学读书，会使人感到她们会如愿以偿地为自己赢得一种不同的生活。

莫桑比克女性还不可能像中国女性那样受到全面的优质高

等教育，但重要的是一个过渡时期已经开始了。中国是一个体现事物可以如何发生迅速变化的极端实例，然而这种快速的过渡并非没有付出代价。令人烦恼的污染不可轻视，这些污染已经开始造成严重的健康问题。尽管已经全面开展了扶贫工作，社会经济不平衡现象日益严重；少数民族地区偶尔也会有暴力冲突事件。除前面提到过的不平等现象外，女性工资低于男同事，花费较多时间做一些没有酬劳的工作；在遭受家庭暴力和性暴力时刚刚开始求助于法律。

不过我仍然为中国打气加油。我相信中国女性，也信赖中国男人。大多数情况下（当我感觉自己可以准确地预测未来时），我并没有对中国政府提出的各种目标表示怀疑。最重要的是，我认为中国非常希望达到下一个发展层次。中国希望建设更好的城市，拥有更清洁的空气，进一步提高公共服务水平。中国懂得必须保证实现具有广泛代表性的发展，尤其是处理"剩男"问题上。他们历来工作在重工业和制造业领域，就像那些在选举出一位平民主义者总统方面发挥过很大作用，后来又感到失望的美国男人一样。中国渴望在教育质量、科技实力，以及医疗保健进步的价值方面获得国际承认。它希望在更加高端复杂的领域发挥作用，向全世界表明自己是创造者，不是模仿者。中国具备这个能力。

然而，几乎就像其他所有国家一样，如果中国仍然不改变已有的男女社会角色，让传统压制年轻女性的职业与经济发展潜能，中国就会停滞不前。那样的话，很有进取心的中国女性就会寻找思想更加开明的外国男人。她们在国外完成学业后不会回国（许多女学生都要回国，为的是离父母更近），她们要在远离家乡的异国他乡更加努力地寻找工作机会，并成为中国移民社群中的一员。她们也是国内流失的重要人才，这将会使中国失去在成为更加文明，真正发达社会的道路上获得的宝贵人力资源，这会让中国处于不利地位。

从根本上说，中国剩女的种种经历从不同侧面反映出世界各国女性的生活境遇，使我们清醒地认识到即使在世界上最发达的国家里，也有人对那些到一定年龄还没有结婚的女性抱有偏见，看不顺眼。在国内，这些女性是一股使中国走向崭新未来的强大力量；在更大范围内，她们是全世界雄心勃勃，积极进取的年轻女性楷模，对于自己的成年初期岁月和恋爱关系有着不同的追求与期待。她们手中握有协调经济、减少贫困、降低婴儿死亡率、减少家庭暴力和饥饿现象的钥匙。事实证明，每当女性能够在较大程度上掌控自己的事业、经济状况与生育时机时，上述问题都会得到缓解。如果忽视由这三种基本的自由所带来的慷慨回报，如果认识不到由追求更加充实的生活，追求更加富有成果的事业和恋爱关系的女性所体现出的希望与变革价值，任何国家都有可能不仅被剩下，而且还被远远甩在后面，处于不利境地。

后　记

美好结局的新开端

最后还有一些事情需要交代一下。我在北京的 798 艺术区遇到了艳艳。她把短发又拉长了，原来穿的猫跟鞋换成了高跟鞋，足有 7.6 厘米高。"今天下午我要见一个老同学。"她对我说道，"我有 16 年没见到他了。"

3 个月飞快地过去了，我正坐在他们的公寓客厅里。他们热情地接待了我。我第一次见到艳艳的未婚夫李明（音译），他为我递上了一杯橙汁和一些糖果。当时是 11 月里的一个寒冷的下午，还不到 4 点钟。我来到后，他立刻换上了一套海军蓝羊毛睡衣裤，上面尽是些明亮的黄月亮和星星图案。我不禁在想，可能是艳艳家里的每个人都喜欢超细摇粒绒，因为这种布料看上去非常像包裹婴儿用的那种睡衣裤布料。李明用询问的眼光看着艳艳，问道，"你不想换衣服吗？"她咯咯地笑了起来，告诉他过一会儿就换。

艳艳亲自下厨做了一顿大餐，其中有我非常爱吃的一道菜——干煸豆角。吃饭时，这对恋人对我讲述了他们重新取得联系的经过。上高中时，李明看上了艳艳的一位闺蜜。他请求艳艳把自己写的一张纸条传给她的闺蜜（表白一下自己的感情）。艳艳很负责任地传出了纸条。然而，那位闺蜜没有动心。艳艳却一直对李明抱有好感，尤其是在她亲眼目睹了这一善意的举动之后。

在他们第一次约会3周后，李明便用一张小纸条向艳艳求婚。"我终于把纸条送给了该送的姑娘！"说着，李明便哈哈大笑起来。

吃完了饭，他们带我参观了从亲戚那里买来，最近一直忙于装修的那套住房。室内摆满了准备挂出来的结婚照（上面采用了一些具有古典韵味的奇特的结婚照背景），各种装饰性的贴纸和小摆设。艳艳颇为自得地说，这些小商品都是她在淘宝网上买的。还没参观完毕，艳艳就把我拉到一边，一同走进了还没有摆放家具的卧室里。在一个阳光明媚的大窗户下面，我看到了一个铁丝笼，里面有两个胖得可笑的小动物正在嚼着大白菜。"这就是我们的爱情宠物！"她说道，"李明一涨工资，我们就开始生自己的宝宝。"

现在时值9月。琼在著名的首尔延世大学刚刚读完一系列夏季课程。她在北京开始的对那位韩国厨师的迷恋最终没有结果。然而她在花费数周时间思考其中的原因时，却对哲学产生了新的学术兴趣，而且也鼓起了勇气将来有一天去攻读哲学硕士学位。与以前的同事们警告过的完全相反（他们在加班时仍然领不到报酬），琼的法律生涯并没有被毁掉。她在香港的一家顶级律师事务所找到了一份肥差。最近她搬进了一套景色壮观，俯瞰九龙半岛的公寓。目前她正忙着约会，劲头十足，把从艾薇那里学到的所有手段运用得恰到好处。

克里斯蒂找到了一个为中国最有来头的一位女名人做公关业务的客户。新客户很快注意到克里斯蒂眼光独到，于是还要求克里斯蒂为她购物（相当于充当私人采购师），一年当中要去纽约购物数次，因为那里的每一种名牌产品都比在中国便宜。一天晚上在市中心区同她约好吃饭时，她带着一包为客户购买的价值7.5万美元的波道夫·古德曼（Bergdorf Goodman）名牌服装匆匆赶来。她没有听从母亲不让再接受更高教育的叮嘱，目前正在长江商学院（有中国沃顿商学院的美誉）攻读 MBA 课程。

她还暂停了在 OKCupid 婚恋网站上注册的账户，正在同一位比她大几岁，想要扎根的美国飞行员建立长期恋爱关系。克里斯蒂回忆说："我们第一次约会时，他就对我说要找个妻子，还说他在科罗拉多州有 3 套房子，我禁不住在想：他说话的口气为什么很像中国人？"但是接下来他们就一起去吃馅饼、跳舞、饮酒，一直到后半夜。他对克里斯蒂讲述了为沙特皇家驾驶私人飞机的所有冒险经历。

张梅自豪地在她的护照上盖下了第一个印章。不过她在去过东京，满足了自己的心愿后又回到了哈尔滨。"我一到了那里，感觉就不一样了，我心里很清楚，我不可能跟那个男人生活在日本。所以我只能怀念那一段感情，我们有缘无分。"她说话时显得很平静。我也能看得出来，她对自己的决定感到心平气和。另外我认为还有一个因素在起作用：她在乘飞机返回中国的旅途中，遇到了一位在日本完成学业后回国的中国留学生。他为人热情。他的家乡离张梅的家乡并不远。他和张梅一直保持着联系，相处得不错。"我还真需要经常坐飞机了！"她说道，并暗示泰国是她下一次想去的地方。毕竟哈尔滨会永远在原来的地方。

　　最后一次看到艾薇时，我从一个视觉细节上看出了她的境况有了新变化：她的左手上戴着一枚闪闪发光的崭新钻石戒指。因为怀了孕，她的腹部微微隆起。她在同要娶她的那位富豪去马尔代夫旅游的过程中感到索然无味。后来她又遇到了一位离异不久的外科医生。这位医生很想娶她。他虽然在克里斯蒂征服过的男人当中钱财最少，但是他却能以自己的独特方式让克里斯那双杏仁眼里闪烁出光彩。"我感到心满意足。"她说，随后又轻轻地拍了拍自己的腹部，补充道，"现在该轮着别人充当第三者了。"

致　谢

首先感谢那些使我在北京的生活颇有收获的热心人士，他们是王蓓蓓（音译）、西格莉德·艾克曼、吉安维托·唐西亚、玛丽娜·马丁、棵小曼、亚历山德拉·马里诺、王珍妮、王爱丽、孙黛西、埃尔金·贝洛、安吉拉·科克里茨、艾丽西娅·佩斯特、玛乔丽·夸克、卡地亚·洛里东、安娜·费尔南达、耶罗·巴尔巴、费格斯·瑞安、吉列尔莫·布拉沃、瓦伦蒂娜·萨尔莫伊拉奇、李安妮、达芙妮·里歇-库珀、帕洛玛·桑切斯、高牧（音译）、马姗姗（音译）、牛聪（音译）、李欣恩（音译）、王安妮、乔迪·法基亚尼·阿克塞尔森、左薇薇（音译）、刘芳（音译）、詹姆斯·弗拉纳廿、无与伦比的尤兰达·王，以及话剧《剩女独白》中的所有演员。感谢玛雅·里德捕捉到了我最美好的瞬间。感谢阿齐兹·霍克邀请我一起跳舞。感谢瑞安·迈耶斯为我排忧解难，出谋献策。最衷心地感谢赛琳·朗格。

我同样感谢那些无私地让我分享他们的专业知识和研究成果，向我提出宝贵建议，并在我离开之后仍然帮助我了解中国国情的热心人士，他们是王明杰（音译）、史杰西（音译）、林奎尼、黄尼娜、珍妮丝·冷，尤其是要感谢王万达（音译）、刘卡罗、李麦子、钱岳、艾伯特·艾斯特韦、张晓波、蔡勇和约翰·泽纳斯基。感谢欣然（音译）为我提供了灵感，特别感谢特雷纳·基廷和艾米·彻莉对本书抱有的信心。

参考文献

Bailey, Beth L. *From Front Porch to Back Seat: Courtship in Twentieth-Century America*. Baltimore: Johns Hopkins University Press, 1989.

Beibei, Ji. "Female Astronauts: Single Women Need Not Apply." *Global Times*, March 17, 2011.

Birger, Jon. *Date-onomics: How Dating Became a Lopsided Numbers Game*. New York: Workman, 2015.

Coontz, Stephanie. *Marriage, a History: How Love Conquered Marriage*. New York: Penguin, 2005.

Croll, Elisabeth. *The Politics of Marriage in Contemporary China*. Cambridge, MA: Cambridge University Press, 2010.

Economist, The. "Japanese Women and Work: Holding Back the Nation." March 28, 2014, http://www.economist.com/news/briefing/21599763-womens-lowly-status-japanese-workplace-has-barely-improved-decades-and-country.

Esteve, Albert, Joan Garcia-Roman, and Iñaki Permanyer. "The Gender-Gap Reversal in Education and Its Effect on Union Formation: The End of Hypergamy?" *Population and Development Review* 38 (2012): 535–46. doi:10.1111/j.1728-4457.

Feng, Wang, Yong Cai, and Baochang Gu. "Population, Policy, and Politics: How Will History Judge China's One-Child Policy?" *Population and Development Review* 38 (2012): 115–29.

Fong, Mei. *One Child: The Story of China's Most Radical Experiment*. Boston: Houghton Mifflin Harcourt, 2015. Kindle Edition.

Fry, Richard. "The Reversal of the College Marriage Gap." *Pew Research Center Social and Demographics Change*, October 7, 2010, http://www.pewsocialtrends.org/2010/10/07/the-reversal-of-the-college-marriage-gap/.

Greenhalgh, Susan. *Just One Child: Science and Policy in Deng's China*. Berkeley: California University Press, 2008.

Huang, Ginger. "30 Years of Kissing." *The World of Chinese*, June 6, 2012, http://www.theworldofchinese.com/2012/06/30-years-of-kissing/

Hvistendahl, Mara. *Unnatural Selection: Choosing Boys over Girls, and the Consequences of a World Full of Men*. New York: Public Affairs, 2011.

Kristof, Nicholas D. *Half the Sky: Turning Oppression into Opportunity for Women Worldwide*. New York: Vintage Books, 2010.

Lai, Ming-yan. "Telling Love: The Feminist Import of a Woman's Negotiation of the Personal and the Public in Socialist China." *NWSA Journal* 12, no. 2 (2000): 24–25, https://muse.jhu.edu/article/25220.

Lee, Haiyan. *Revolution of the Heart: A Genealogy of Love in China, 1900–1950.* Palo Alto: Stanford University Press, 2010.

Osburg, John L. *Engendering Wealth: China's New Rich and the Rise of an Elite Masculinity.* Ann Arbor: ProQuest, Umi Dissertation Publishing, 2011.

Parry, Simon. "The Queen of Mistresses: Meet the Unlikely Heroine Whose Lovers Made Her a Billionaire—and Who She Repaid by Landing Them in Jail." *Daily Mail*, March 20, 2011, http://www.dailymail.co.uk/femail/article-1367968/Li-Wei-Meet-Chinas-unlikely-heroine-lovers-billionaire.html#ixzz4jBRWQVhq.

Qian, Yue, and Zhenchao Qian. "Gender Divide in Urban China: Singlehood and Assortative Mating by Age and Education." *Demographic Research* 31 (2014): 1337–364, http://www.demographic-research.org/Volumes/Vol31/45/ DOI: 10.4054/DemRes.2014.31.45.

Scharping, Thomas. *Birth Control in China 1949–2000: Population Policy and Demographic Development.* London: Routledge, 2002.

Stockard, Janice E. *Daughters of the Canton Delta: Marriage Patterns and Economic Strategies in South China, 1860–1930.* Palo Alto: Stanford University Press, 1989.

Wee, Sui-Lee. "After One-Child Policy, Outrage at China's Offer to Remove IUDs." *New York Times*, January 7, 2017.

Wei, Shang-Jin, Xiaobo Zhang, and Yin Liu. "Home Ownership as Status Competition: Some Theory and Evidence." *Journal of Development Economics* 127 (2017): 169–86, https://doi.org/10.1016/j.jdeveco.2016.12.001.

Whitehead, Barbara Dafoe. *Why There Are No Good Men Left.* New York: Penguin, 2003.

Woetzel, Jonathan, Anu Madgavkar, Kweilin Ellingrud, Eric Labaye, Sandrine Devillard, Eric Kutcher, James Manyika, Richard Dobbs, and Mekala Krishnan. "How Advancing Women's Equality Can Add $12 Trillion to Global Growth." McKinsey Global Institute, September 2015.

Yoshida, Akiko. "No Chance for Romance: Corporate Culture, Gendered Work, and Increased Singlehood in Japan." *Contemporary Japan* 23, no. 2 (2016): 213–34, http://dx.doi.org/10.1515/cj.2011.011.

———. *Unmarried Women in Japan: The Drift into Singlehood.* United Kingdom: Taylor & Francis, 2016.

Zheng, Tiantian. *Red Lights: The Lives of Sex Workers in Postsocialist China.* Minneapolis: Minnesota University Press, 2009.